BERNARD JARDIN
Gestapiste normand

NORMANDIE 1943-1944

YVES LECOUTURIER

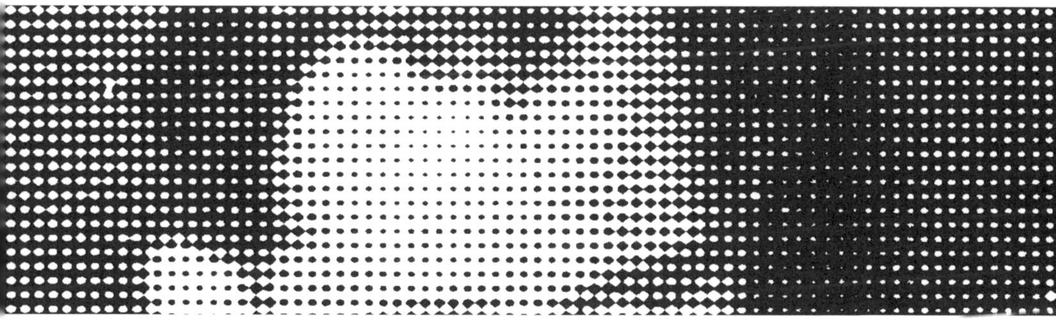

BERNARD JARDIN
GESTAPISTE NORMAND

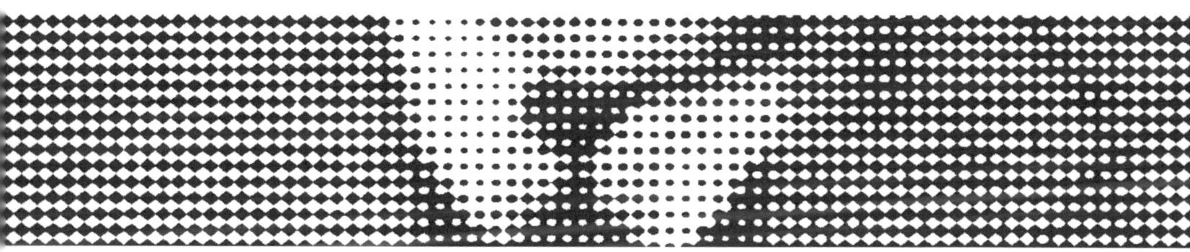

NORMANDIE
1943-1944

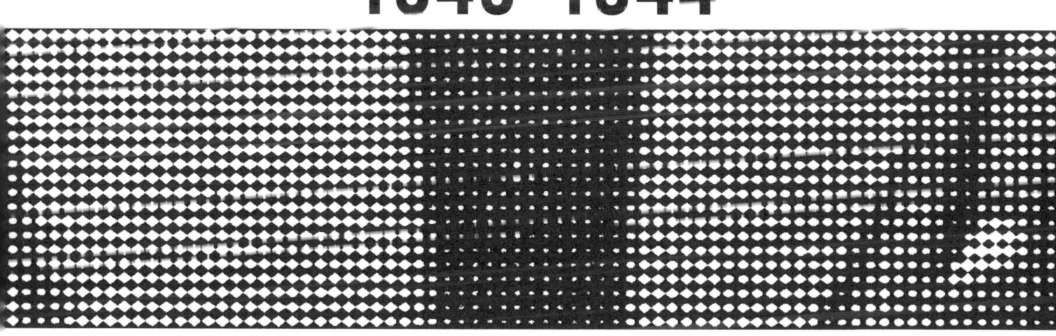

HEIMDAL

Avant-propos

Il y a un an paraissait, dans cette collection, *L'Ange Noir de la Gestapo*, qui connut un gros succès. Yves Lecouturier, historien bien connu en Normandie, pour ses ouvrages consacrés à la Seconde Guerre mondiale, nous propose ici le parcours, terrible, de Bernard Jardin, auxiliaire du *Sipo-SD*, qui fut redoutablement efficace dans le sud de la Normandie, dans le département de l'Orne, et qui sera jugé, condamné et fusillé, après avoir été qualifié de *« plus redoutable adversaire de la résistance ornaise »*.

J'avais, pour la première fois, entendu parler de lui, lorsque Monique Corblet, partie comme espionne derrière les lignes allemandes, arrêtée, incarcérée à la prison d'Alençon, avait été épargnée par Bernard Jardin. Monique Corblet – alors Monique Livry-Level – avait eu le courage de témoigner, pour Jardin, à son retour de déportation… Elle avait toutefois pu le faire car fille d'un compagnon de la libération, Philippe Livry-Level… Ce qui n'avait pas eu d'incidence sur la condamnation à mort. Yves Le couturier nous introduit ici un peu plus dans cette époque terrible, suivons le maintenant au fil des pages qui vont suivre.

Georges Bernage,
historien et éditeur

1. Collaboration et Résistance dans l'Orne

Entre 1940 et 1944, le département de l'Orne est administré par deux préfets fidèles du gouvernement de Vichy : Georges Bernard et Jean Leguay, ancien bras droit de Bousquet. Comme le souligne Gérard Bourdin : *« Le pétainisme cherche à marcher sur ses deux jambes : le préfet et ses services d'une part, les notables de l'autre. Aux premiers de savoir attirer les seconds. En conséquence, est créé le poste clé de secrétaire à l'information et à la propagande. »*

L'Orne connaît également la présence de partis collaborationnistes prônant une active collaboration entre la France et l'Allemagne. Selon Jean Vigile, l'effectif du PPF s'élevait à 215 membres et celui du RNP à 164 ; quant au Francisme et au MSR, leurs membres étaient au nombre d'une petite dizaine. Leurs chefs peinent cependant à convaincre comme en témoigne la faible assistance à leurs conférences. Certains éléments apparaissent dangereux à l'exemple d'Émile Lechat, ancien représentant de commerce devenu agent de police puis employé de mairie à Alençon. *« Plus ambitieux qu'intelligent »* selon Gérard Bourdin, Lechat se rêvait préfet de l'Orne ! Mais il se montre actif et crée des sections PPF dans tout le département, lesquelles sont chargées de surveiller tout ce qui se passe. Jugé dangereux par la Résistance, celle-ci organise un attentat contre Lechat le 22 janvier 1944 près de Vimoutiers : grièvement blessé, il est transporté à l'hôpital d'Argentan où il décède. À ses obsèques, un certain Nicolas, représentant le chef Jacques Doriot proclame : *« Le sang de ce patriote réclame vengeance. »* Lechat est remplacé par Henri Dangerville qui s'était composé un visage ressemblant à Adolf Hitler. L'épuration sauvage avait commencé dès l'été 1943 avec l'exécution du Dr Edgar Zaepfel, médecin à Briouze et responsable départemental du Francisme, le 23 juillet 1943 : il est abattu de quatre balles de revolver alors qu'il se rendait en motocyclette à Tourailles pour visiter un malade. Le 14 décembre 1943, le colonel Danloux, délégué à la propagande de son canton, est enlevé par deux personnes. Selon le rapport du commissaire de police, il était surnommé « le colonel Boche » tant il ne cessait d'inciter les jeunes à partir travailler en Allemagne. Ce rapport ajoute qu'il *« ne se cachait pas pour dire qu'au cas où il connaîtrait le refuge d'un réfractaire, il ne se gênerait pas pour aller le trouver et essayer de le ramener ... dans le droit chemin. »* Il est exécuté dans la Sarthe. Le 17 février 1944, Louis Dauvé, alias Gilles Normand, poète chantre de la collaboration, est victime d'une tentative d'attentat à Vieux-Pont près d'Écouché. Une seule balle parmi les trente qui sont tirées touche sa pipe. Deux agents du *Sipo-SD* – un Français et un Allemand – sont envoyés pour enquêter : huit jeunes réfractaires au STO et maquisards sont arrêtés. Ce mauvais poète glorifiait ainsi le *Führer* :

Hitler, conducteur magnanime,

Toi qui tends la main au vaincu,

Bientôt l'univers unanime,

Mais tardivement convaincu,

Te fêtera par des apothéoses.

Le 24 avril 1944, Maurice Tessier, cultivateur à Ferrière-la-Verrerie, mais surtout membre du groupe d'action et de justice sociale du PPF est exécuté après avoir dénoncé des réfractaires du STO ; avec lui sont également abattus son épouse, ses deux fils, sa fille et deux employés. Lors de leur inhumation, le représentant régional du PPF déclare : *« Vous, paysans de l'Orne… je voudrais que vous rendiez compte que la menace pèse sur vous. »* Ces exécutions sont revendiquées par la suite par un groupe de résistants espagnols et russes.

Ces quelques exemples d'épuration sauvage attestent d'une activité importante et organisée de la Résistance dans l'Orne, en particulier à partir de l'année 1943. La géographie favorise l'implantation de maquis dans ce département, ce qui autorise André Mazeline, responsable départemental de la Résistance, à affirmer que celle-ci était la mieux organisée de la région. Éloigné du littoral, ce département était moins occupé que la Manche ou le Calvados. Les effectifs résistants atteignent 1 800 entre 1940 et 1944. L'esprit de résistance s'est développé dès l'été 1940 avec la réalisation de sabotages et la lacération, parfois quasi-systématique des affiches allemandes. Les appels de Radio-Londres sont bien suivis par la population à l'exemple de la bataille des «V» très présents à Alençon, Argentan, L'Aigle, Domfront et Flers.

Les premiers réseaux de renseignements se constituent dès l'été 1940 à l'exemple du réseau Hector très présent en Basse-Normandie. Démantelé à l'été 1942, il laisse la place à de nombreux réseaux comme Centurie, Alliance, Libération-Nord, Vengeance, le BOA ou l'OCM; en septembre 1943, Jacques Foccart élabore le plan Tortue destiné à freiner les déplacements allemands. Au cours de l'été 1942 apparaissent des groupes FTP à Flers, Tinchebray ou Argentan. À la fin de l'année 1941, le colonel Fabien vient à Flers pour organiser une base de repli pour les résistants parisiens. Des républicains espagnols participent à la création d'un groupe FTP-MOI à Saint-Clair-de-Halouze. L'instauration du service du travail obligatoire en février 1943 renforce les groupes de résistants. En novembre 1943, l'OCM dirigée par Daniel Desmeulles est devenue la force la plus importante du département avec plus de 800 membres.

Ce développement de la Résistance inquiète de plus en plus les autorités d'occupation. L'antenne du *Sipo-SD* est d'abord confiée à Harald Heyns, puis à Hildebrandt. Comme l'écrit André Mazeline dans Clandestinité, *«La Gestapo veille et redouble d'activité. Elle a renforcé ses moyens; ses services de renseignements ont constaté le développement et l'importance des divers mouvements ornais de Résistance. À l'approche du Débarquement, elle sent plus que jamais la nécessité d'une action brutale et efficace qui entravera l'activité des groupes de combat.»* Hildebrandt recrute Bernard Jardin, s'entoure d'une cinquantaine de séides et va faire connaître des mois terribles, entre mai et le début du mois d'août 1944, à la Résistance ornaise.

2.
Les premières années

Bernard, François, Joseph Jardin naît le 16 août 1920 à Argentan d'un père cultivateur prénommé Joseph et d'une mère cultivatrice prénommée Alphonsine. La famille vit alors dans la section Belle Étoile à Argentan. Sa mère acquiert par la suite l'hôtel Belle Étoile attenant à la ferme exploitée par le père. Le parcours scolaire de Bernard Jardin dans l'école primaire publique est bon au plan des résultats, mais difficile au plan de la discipline, ce qui conduit ses parents à l'envoyer dans une école privée, l'école Saint-François, en 1933. Il obtient son certificat d'études primaires en 1934. Le décès de son père entraîne l'arrêt de ses études. En septembre 1934, sa mère, devenue hôtelière, vend l'établissement. Cette période s'avère difficile pour le jeune Bernard ; immobilisé pour une faiblesse des os, il est envoyé se reposer chez sa grand-mère dans le village de Neuvy-en-Houlme et il y demeure plusieurs mois. L'année 1937 se présente sous un meilleur jour : Bernard est rétabli et sa mère devient propriétaire du café des Trois Croix à Argentan. Bernard devient apprenti boucher dans le village de Boucé, puis en 1938 ouvrier boucher à Sainte-Gauburge.

Bernard Jardin quitte alors son métier de boucher pour s'engager le 12 décembre 1938 dans l'armée pour trois ans. Le bureau de recrutement militaire d'Alençon établit son signalement : cheveux noirs, yeux marron, nez rectiligne et visage ovale ; sa taille est d'1,69m. Il rejoint le 6e Régiment du Génie d'Angers. Ses supérieurs l'affectent à la détection d'éventuelles cellules communistes dans le 3e bataillon. Ces trois mois vont sans doute développer chez lui un profond sentiment anticommuniste. Il est ensuite volontaire pour servir sur des terrains extérieurs d'opération et est affecté le 5 juillet 1939 au 33e Régiment du Génie ; il part vers le Levant le 11 juillet et est présent à Beyrouth, à Alep, à Damas et au sud du Liban. Malade ou blessé, il séjourne dix jours à l'hôpital d'Homs en novembre 1940. Présent en Syrie en 1941, il combat les troupes françaises libres alliées aux Britanniques. Afin de protéger les positions britanniques en Égypte et en Palestine, le général de Gaulle, chef de la France libre, propose au Premier ministre britannique Winston Churchill de reprendre la Syrie administrée par le gouvernement de Vichy. L'opération Exporter se déroule du 8 juin au 11 juillet et se termine par la victoire des Alliés. L'un de ses amis est tué près de lui : cette mort développe son sentiment antigaulliste.

Rapatrié en septembre 1941, il est décoré de la Croix de Guerre par le gouvernement du maréchal Pétain. Démobilisé le 4 janvier 1942 et muni de son certificat de bonne conduite, Bernard Jardin revient à Argentan vivre dans l'établissement de sa mère alors réquisitionné par l'occupant allemand. Il y croise deux ou trois officiers dont il apprécie la conduite : *« Mes sentiments ont alors un peu évolué envers les Allemands. »* Anticommuniste, il est devenu antigaulliste après l'expédition de Syrie. En 1943, sa mère quitte Argentan pour Alençon où elle exploite l'hôtel de la Pyramide.

Âgé de 22 ans, imprégné de son expérience, Jardin s'engage au Mouvement Social Révolutionnaire dont la devise est «Aime et sers». Ce mouvement est fondé en octobre 1940 par Eugène Deloncle, activiste antirépublicain depuis le Front Populaire. Comme le souligne Robert Paxton, le MSR *« est à l'image de son fondateur, féru d'action occulte dans la grande tradition mythique des comploteurs masqués et en même temps contraint par les circonstances à développer l'essentiel de son action politique au grand jour. »* En 1943, l'action de ce parti se réduit et certains membres rejoignent le Parti Populaire Français : c'est le chemin suivi par Bernard Jardin. Refusant le Front Populaire, Jacques Doriot créait en 1936 le PPF, développant une orientation résolument fasciste. Tout naturellement ce mouvement rejoint le camp de la collaboration avec l'occupant allemand. Dès 1942, Bernard Jardin a donc choisi son camp. Il confie que son passage au MSR lui a donné une culture nationale-socialiste, lui inculquant ses premières idées des théories nationales socialistes : *« J'ai lu à ce moment des livres de Doriot, Mussolini, Karl Marx, Hitler, d'autres sur le national-socialisme, ce qui eut pour conséquence de commencer à me faire voir le besoin d'un état raciste et à condamner la doctrine marxiste opposée au principe racial. Je n'étais pas partisan des demi-mesures de Vichy. Toutefois, tout en étant amené à ces théories, je restais dans une position idéologique, je ne faisais pas de propagande, ni cherchais à recueillir des adhérents pour les partis nationaux. Mon séjour en Allemagne m'a affermi dans mes idées nationales socialistes, notamment en voyant le régime syndical, l'organisation nationale de la représentation professionnelle ; si je ne suis pas retourné en Allemagne, c'est principalement à cause de ma mère qui désirait me voir rester auprès d'elle. J'ai su par la suite que ma mère avait tenté auprès d'amis faisant partie de la Résistance de me faire prendre avec eux, elle ne me l'a pas dit, mais je n'aurais pas accepté. »*

Jardin aime aussi l'argent et, pour s'en procurer, il se lance dans le marché noir. Les agents du contrôle économique l'arrêtent pour trafic de viande. Il se chargeait de l'achat, du transport et de la revente dans de grosses cantines d'usines et dans des restaurants parisiens. Pour obtenir un camion, il soudoie un employé de l'organisation Todt, puis un fonctionnaire allemand pour voyager avec des papiers en règle. Le 23 décembre 1942, il est surpris en plein abattage clandestin. Il est condamné à plusieurs mois de prison qu'il effectue de décembre 1942 à mars 1943. À sa sortie, il tombe sous le coup de la loi du 16 février 1943 instituant le Service du Travail Obligatoire et part en Allemagne où il travaille comme manutentionnaire dans un service de ravitaillement de la Marine à Wilhemshaffen. De retour de permission en novembre 1943, il rejoint sa mère à Alençon où elle a acquis un hôtel. Ne souhaitant pas retourner travailler en Allemagne, il demande un rendez-vous au lieutenant Oertel, responsable du STO à Alençon. Sans doute sensible à ses arguments et connaissant peut-être son engagement dans un mouvement collaborationniste, le responsable allemand l'engage comme chauffeur au service de la main d'œuvre avec un salaire mensuel de 3 000 francs. En mars 1944, le Dr Klethe, responsable du service du travail à la *Kommandantur* d'Alençon, l'emmène à Paris pour assister à une conférence du Gauleiter Fritz Sauckel. Toujours à la recherche d'argent, Jardin reprend ses activités de marché noir. S'étant procuré à Paris des titres de rationnement, il les cache dans le bureau du service de la main d'œuvre. Une femme de ménage les découvre, ce qui entraîne l'arrestation de Jardin.

Le responsable de l'antenne du *Sipo-SD* d'Alençon, Richard Reinhardt, connu sous le nom d'Hildebrandt, vient le voir en prison et prend conscience des qualités du prisonnier : intelligent, froid et réfléchi. Il lui propose d'abandonner les poursuites contre lui s'il se met au service des Allemands en devenant agent de renseignement. Devant son hésitation, le chef départemental du PPF Henri Dangerville l'invite à intégrer les groupes d'action et de justice sociale formés par ce mouvement. Hildebrandt avait précédemment entendu parler de ce Jardin qui affichait ses idées nationales socialistes quand il était affecté au service du travail. Le 22 décembre 1945, Jardin déclare lors de son instruction : *« Lorsque je parle de mes idées nationales socialistes, je les pensais dans le plan français, dans un système européen où la France aurait été un état clef ou tout au moins en égalité avec l'Allemagne... j'admettais de lutter avec l'Allemagne contre ceux qui étaient contre nos idées nationales socialistes ; il est certain qu'Hildebrandt a beaucoup accentué chez moi ces convictions nationales socialistes. Je suis encore actuellement national-socialiste dans le sens français que j'indiquais, et si je me trouvais en liberté, j'essaierais de convaincre la masse du bienfait du national-socialisme, en partant du principe racial. J'ajoute toutefois que je suis absolument opposé aux principes d'extermination employés par les Allemands dans les camps de concentration ; lorsque nous les avons appris, nous avons été très montés contre ces mesures. En 1943, en Allemagne, j'avais l'impression de voir les camps de politiques allemands où les intéressés avaient un régime normal et correct. »* Bernard Jardin devient agent du *Sipo-SD*, dépendant directement d'Hildebrandt : *« le chef de la SD insista pour que je reste à son service et je dus me soumettre. »* Mais le courant passe si bien entre les deux hommes qu'ils se partagent leurs maîtresses !

3.
La constitution de son équipe

Au printemps 1944, Bernard Jardin prend la direction du groupe Action à la demande d'Hildebrandt et de Dangerville et commence le recrutement de ses hommes de main. Il prend comme adjoint Eugène Duru, dit Pierrot ou Ledur, ancien commis boucher à Aubervilliers, qu'il a connu en Allemagne ; Jardin use de son influence pour le faire affecter au titre du STO dans une entreprise forestière de Tourouvre. Lors de son instruction, Bernard Jardin donne les noms de celles et ceux qui intègrent son groupe ou qui lui ont régulièrement ou occasionnellement fourni des renseignements. Le premier noyau est formé de membres du PPF : Henri Dangerville, Auguste Haquin, Roger Lotti, Valerian Bogdanoff, russe naturalisé et ancien communiste, Gaston Tizon, Daniel Blaise, André Chucherie, ancien camelot du roi de l'Action Française, Ladislas Goniewicz, chef des Gardes françaises, et Maurice Tessier. Ils appartiennent au Groupe d'action et de justice sociale et suivent une formation militaire à la caserne Mortier à Paris. Sur une liste saisie chez Henri Dangerville figurent les noms de Lotti, Bogdanoff, Tizon, Giroux, Haquin, Bothereau, Blaise et Pierre Huet. Tous effectuent un stage de douze jours du 15 mars au 1er avril 1944 à Taverny qui peut être complété par un second à la caserne Mortier ; ils sont vêtus d'un treillis et coiffés d'un calot allemand. À la fin du stage, ils reçoivent une carte de police spéciale blanche portant la mention « Sûreté allemande ». Maurice Tessier participe au stage, mais n'a guère le temps de mettre en œuvre ce qu'il a appris, ayant été exécuté par des résistants le 24 avril 1944.

Eugène Goulard dit Charles, délégué départemental du RNP, est un actif agent de renseignements. Jean Perrein et son fils Henri arrivent du Calvados le 15 mai 1944 et adhèrent au PPF. Jardin confie lors d'un interrogatoire : *« Hildebrandt m'a dit que c'était un bon agent de renseignements dont le rôle était de déceler les éléments communistes et résistants pouvant exister dans la région de Flers. Son activité s'exerçait surtout dans les milieux ouvriers... Perrein fils était considéré à la SD comme un agent peu sérieux et incapable. »* À la demande du *Sipo-SD* viennent s'agréger des membres de la bande parisienne Bony-Laffont : Roger Griveau et Roland Foutrel (RNP) ; d'autres viennent du groupe Boileau de l'avenue Foch : Max Foulon (Franciste), son cousin Pierrot, Paul Lahaye et son épouse Lisette Jaffray et Paul Prunelec ; d'autres encore du groupe Berger de la rue des Saussaies : Omer Véronèse, Mario Stanziano, tous deux Italiens, et Robert l'Algérien (qui ne reste que quinze jours avant d'être envoyé à Lyon). Les Parisiens arrivent dans l'Orne le 28 juin ; Hildebrandt se demande comment utiliser ces nouveaux venus. Jardin lui conseille que *« puisqu'ils n'étaient pas connus de les envoyer un peu dans tous les coins du département où ils pourraient recueillir des renseignements. »* Mais Bernard Jardin avoue avoir eu beaucoup de difficultés à les maîtriser : *« Je ne pouvais les tenir. Ce n'étaient que des pillards. »* Les agents permanents sont parfois directement rémunérés par le *Sipo-SD* mais plus souvent par l'intermédiaire de Dangerville ou de Jardin. Ils reçoivent entre 1 500 et 3 000 francs par mois, mais le plus souvent volent et pillent les personnes qu'ils arrêtent.

Après le débarquement du 6 juin, des membres calvadosiens de la bande de Raoul Hervé arrivent en renfort : Serge Fortier, Gilbert Bertaux, Henri Léon, Émile Chapron, Jean Laronche, Joseph Martine et son père. De même André Prieur et Alfred Fernandez viennent de l'antenne du *Sipo-SD* de Saint-Lô. D'autres encore sont de provenance diverse à commencer par son adjoint Duru : René Neveu, Georges Guillory (RNP), William Poupard, Pierre Lafontaine, Blanche Guilbert (tous deux rémunérés par l'*Abwehr*), Louis-Maurice Bablin (RNP depuis 1940), Robert Pinard, Perrein père et fils, Charles Peduzzi et sa femme Marinette Rieux et Gilbert Fernizon. Blanche Guilbert est également la maîtresse d'Heinrich Baumann, chef de service régional de l'*Abwehr* ; elle recrute Pierre Lafontaine à Briouze et circule dans la Citroën Traction, avant de son ami. Le Polonais Jean Wosicki, dit « Petit chapeau », est appointé par la *Kommandantur* ainsi que sa maîtresse Georgette Leduc, cuisinière à la *Feldgendarmerie*. En quelques semaines, Jardin bâtit une équipe très composite avec des individus d'horizons variés, mais beaucoup appartenaient déjà à un parti collaborationniste. Outre tous ces hommes de main, il s'appuie sur des agents de renseignement dont il donne les noms lors de son instruction : Jacques et Yves Billonnet, deux jeunes résistants retournés, Gouin, un ancien maquisard retourné par le *Sipo-SD*, Gougnovitch, l'homme à la jambe coupée, Cocar (MSR) et des deux adjoints Gaston Taupinard (membre de la Ligue antibolchévique) et Raymond Bourgoin, Christian Lemaître, Gustave Bailot (RNP), Louis Boet (RNP), Marie Durif, Roger Devaux, René Bothereau, Charles Goulard, Savinien-Capray, Lépine, Marcelle Tabaud, cuisinière de l'antenne du *Sipo-SD* d'Alençon, Eugénie Terrier, la femme Montier et Vulmin. Jardin déclare le 21 septembre 1945 : *« Lorsque je suis arrivé au* SD, *tout le groupe Action était réuni, ce fut sa première action et l'utilisation pour la première fois d'autres Français que moi, comme agents d'action, il y avait Haquin, Blaise, Lotti, Bogdanoff, Dangerville et Tison ; c'est Hildebrandt qui a réparti la mission de chacun. »*

Quand les agents français opèrent, ils portent un brassard où est inscrit *« Deutsche Wehrmacht »* en lettres noires sur fond jaune avec le cachet du *Sipo-SD*. Gaston Tison le confirme lors de son interrogatoire : *« nous le portions tous en expédition. »* Ils sont armés d'un pistolet ou d'un pistolet-mitrailleur lors des expéditions ou lors de la garde des prisonniers.

En comparaison, l'équipe de l'antenne du *Sipo-SD* d'Alençon apparaît réduite. Elle est organisée en juin 1943 sous la direction de Harald Heyns alias Bernard et s'installe au 1 rue de l'Asile. Celui-ci demeure à Alençon jusqu'en février 1944. Lui succède Richard Reinhardt alias Hildebrandt *« à l'efficace et maléfique savoir-faire relationnel »* comme le note justement Gérard Bourdin. Originaire de Heidelberg, cet ancien inspecteur d'assurances formé à l'école de police de la *Gestapo* était précédemment en poste à l'antenne du *Sipo-SD* de Saint-Lô où du fait de son français parfait, il se faisait appeler Lebrun ou Lefèvre. Il a pour adjoints Gustav Vetter, Fritz Ziehaus et Hans Roegler ; nous y trouvons trois chauffeurs : Fritz Drugies, Alfred Rank et Heinrich

Hautmann. Après le débarquement du 6 juin, des renforts arrivent : Lunblig, ancien chef de l'antenne de Menton disgracié, Otto Norhing, Erich Riedel, Frantz Kachny, Erwin Kruger, Alfred Hothorn et Emil Moessner, Ludwig X, tous venant du siège rouennais et Petritzig envoyé de Paris. Gertrude Müller, égérie d'Hildebrandt, est décrite comme sadique et méprisante, assistant aux scènes de torture en fumant sa cigarette. La plupart des membres du *Sipo-SD* ont des maîtresses françaises à la fois utiles pour le repos du guerrier, mais occasionnellement pourvoyeuses de renseignements. Celles-ci sont censées « travailler » pour le *Sipo-SD* comme femmes de chambre ou cuisinières.

Gestapistes allemands et français s'installent au château de Verveine à Condé-sur-Sarthe, *« véritable pandémonium ornais »* selon Gérard Bourdin. Les Allemands ont réquisitionné ce bien qui appartenait à Jacques Fould, maire de la commune, mais surtout d'origine juive. À moins de deux kilomètres, ils occupent également le moulin de Vaucelles où ils enferment leurs prisonniers et où ils les interrogent.

4.
Les premières affaires

Bernard Jardin réalise sa première enquête en avril 1944. M. Buron, couvreur de Boissy-Maugis, est arrêté par la *Feldgendarmerie* en possession d'une fausse carte d'identité. Jardin vient enquêter dans cette commune et obtient d'une femme une information : la fausse carte d'identité a été réalisée par Mlle Barbareaux qui demeure rue de Vaugirard à Paris. Jardin part avec Ziehaus à Paris et tous deux arrêtent Mlle Barbareaux ; ils trouvent chez elle nombre de tampons et de fausses cartes d'identité. Le même jour le correspondant de Mlle Barbareaux à Boissy-Maugis est arrêté par Hildebrandt. Sa seconde enquête le conduit à arrêter un employé du chemin de fer à Argentan.

Le 3 mai, Jardin opère au Bourg Saint-Léonard, à Rânes et à Joué-du-Plain. Pierre Billaux, membre du groupe Vengeance de Chambois, est arrêté avec d'autres résistants. Ils sont enfermés à douze dans la cellule n°16 de la prison d'Alençon. Parmi eux, Pierre Billaux décrit un gars « sympa » arrêté pour une affaire de marché noir : c'est Bernard Jardin qui joue le mouton. *« Il apparaissait comme un gars dur mais plutôt sympa. Il avait été condamné par un tribunal allemand pour une affaire de marché noir, un trafic de farine je crois. Il ne cachait d'ailleurs pas avoir fricoté avec les Boches et il affirmait à qui voulait l'entendre qu'il ne s'était pas gêné pour les doubler à chaque fois qu'il en avait eu l'occasion. Il ne posait pas beaucoup de questions, mais semblait tout de même s'intéresser un peu à Cornu. »* Par deux fois, Jardin est appelé au parloir, mais pour Pierre Billaux, il rendait compte à Hildebrandt. Jardin à peine libéré, le docteur Roger Cornu est interrogé par les Allemands : il n'avait rien dit, mais Jardin avait recueilli de nombreux petits détails. Hildebrandt lui déclare : *« Nous savons maintenant que vous savez beaucoup de choses. Vous prétendez le contraire, eh bien je vous propose de regagner votre cellule et de réfléchir pendant une heure. Et croyez-moi, si au bout de ce temps vous ne vous montrez pas coopératif, je me verrai dans l'obligation d'utiliser d'autres méthodes. »* Pierre Billaux ne voit plus en Jardin le gars sympathique décrit au premier abord : *« Nous avons alors acquis la certitude que jardin avait joué le mouton, que c'était un dégueulasse et un vrai salopard. »* Pierre Billaux et ses amis résistants sont déportés au camp de concentration de Neuengamme.

Après avoir effectué des arrestations au Bourg Saint-Léonard, Jardin est envoyé le 11 mai à la poursuite du réseau de Jacques Foccart. Celui-ci a créé à La Foresterie près de Rânes, avec son ami Henri Tournet, une entreprise de fabrication de charbon de bois destiné aux véhicules à gazogène. Depuis l'automne 1942, l'entreprise fournit l'Organisation Todt. Les deux dirigeants sont accusés d'escroquer les Allemands et sont emprisonnés en août 1943. Après avoir payé un million de francs de caution, ils sont libérés. Jacques Foccart est contacté par le BCRA : sous le pseudonyme de Binot, il est chargé de former des équipes devant attaquer les blindés allemands lors du débarquement pour mettre en œuvre le plan Tortue. Un des ses agents, Marcel Dionot, est repéré à Sainte-Marie-du-Bois (Mayenne) et arrêté par le *Sipo-SD* d'Angers. Accompagné d'Hildebrandt, Ziehaus, Vetter, Roegler et Drugies, Jardin perquisitionne l'entreprise de Foccart à La Foresterie avec Marcel Dionot. Ayant subi un interrogatoire très violent, Dionot donne des noms, ce qui provoque un démantèlement partiel du réseau de Jacques Foccart dans la nuit du 9 au 10 mai. Les identités des ouvriers de l'entreprise sont systématiquement vérifiées. Marcel Dionot est déporté au camp de concentration de Neuengamme, mais en reviendra vivant. Le 13 mai, Jardin effectue deux arrestations dans le secteur Sées-Mortrée.

De retour à Argentan, Jardin organise le 14 mai une rafle parmi les spectateurs du champ de courses de cette ville : le but est de trouver d'éventuels réfractaires au STO. L'équipe monte également une opération afin d'intercepter le général Allard, responsable de l'Armée secrète. Celui-ci leur échappe, mais les docteurs Pierre Couinaud, membre de l'OCM, et Fillion et René-Xavier Vimal du Bouchet, chef cantonal de l'Armée secrète, sont arrêtés. L'informateur Goniewicz permet trois arrestations à Moulins-la-Marche le 14 mai. Le même informateur récidive le lendemain au Merlerault. Jean Fortin, réfractaire au STO, détenteur de faux papiers, est confondu : il informe le *Sipo-SD* d'un parachutage qui a eu lieu le 29 février et donne les noms de ceux qui l'ont réceptionné. Quatre résistants sont arrêtés. Le 15 mai, Jardin effectue cinq arrestations à Sainte-Scolasse-sur-Sarthe. Le 22 mai, sur un renseignement de Goulard, le gendarme François Le Dortz est arrêté. Ce même jour tombent à Flers-de-l'Orne sept résistants dont Jacques Durrmeyer responsable OCM du secteur de Flers. C'est sans doute la première fois que Jardin frappe un prisonnier, lequel, sous les coups de trique répétés, donne le nom de deux jeunes gens.

Le 23 mai, l'équipe de Jardin est renforcée de Blanche Guilbert et Pierre Lafontaine, membres de l'*Abwehr*, avec la participation du responsable allemand Baumann. Leur expédition à Athis-de-l'Orne se solde par six arrestations.

Quand Jardin recrute son ami du STO, Eugène Duru, il lui trouve un emploi dans une entreprise forestière le 2 avril 1944 ; celui-ci lui apprend le 2 juin que le fils de son patron lui a confié qu'il fait de la résistance et qu'un maquis est caché à Courcerault. Celui-ci s'était constitué en 1943 et n'avait cesse de se renforcer sous la direction de Paul Mulot. Ils sont installés à l'hôtel Garnier dans une bouverie isolée. Le 3 juin, quatre conteneurs d'armement et du ravitaillement y sont transportés. Duru introduit Jardin à Courcerault, ce qui lui permet d'identifier certains maquisards. Lors de l'assaut, le 5 juin, qui se solde par des arrestations des membres de ce maquis, c'est la première fois que les Français y participent aux côtés des Allemands. Étant donné leur efficacité, des équipes franco-allemandes sont désormais constituées. Cinq résistants sont arrêtés à leur domicile et neuf autres à l'hôtel Garnier, encerclé par vingt soldats allemands. Conduits à Mortagne, ils sont emprisonnés à Alençon ; le 30 juin, douze sont fusillés dans la carrière de la Galochère à Condé-sur-Sarthe : Bernard Closet, Jean Deschamps, Gilbert Ducluzeau, Pierre Keraen, Roger Lepoutre, Robert Leygnat, Bernard Monnier, Paul Moreau, Pierre Mulot, Georges Noë, Jean Richard et Remy Sevestre. Les corps sont amenés à Mortagne-au-Perche et sont exposés dans la

Grande Rue. En juin, Bernard Jardin reçoit son premier salaire : entre 8 et 9 000 francs ; en juillet, le salaire se monte à 10 000 francs. À ce salaire s'ajoutent les prélèvements effectués chez ses victimes.

5.
Intensification de la lutte contre les maquis

À la veille du débarquement du 6 juin 1944, la traque des résistants ornais s'intensifie. Prudent, Jardin fait évacuer sa mère et son beau-père sur Paris. Vers le 7 juin, le *Feldkommandant* de La Ferté Macé apporte des renseignements sur l'existence d'un maquis à Lignières-la-Doucelle (Mayenne). Instituteur, Almire Viel appartient à l'OCM et est chargé d'organiser la Résistance dans l'arrondissement de Domfront et dans le nord du département de la Mayenne. En janvier 1944, il organise le transfert de huit conteneurs d'armes et de munitions cachés dans une église désaffectée près d'Argentan à Saint-Patrice-du-Désert. Le 22 mai, il échappe de peu aux Allemands, mais son épouse est arrêtée le 3 juin à Saint-Léonard-des-Bois et déportée. À l'annonce du débarquement, Almire Viel installe un détachement de résistants à l'orée de la forêt de Monnaye à 3 km de Lignières-la-Doucelle. Le maquis s'installe dans une ferme abandonnée au village de la Gérarderie ; il est renforcé par des résistants venus d'Ille-et-Vilaine. Le 13 juin, les Allemands attaquent et démantèlent le maquis de Lignières-la-Doucelle. L'information a été fournie par Louis Boet, collaborateur habitant Joué-du-Bois, lui-même informé par un ami. Lotti et Duru sont envoyés pour tenter d'intégrer le maquis, mais sans succès. Le 13 juin à 10 heures, le responsable breton Louis Pétri prend l'initiative de lancer une attaque contre les Allemands : sept soldats sont tués et deux blessés faits prisonniers. Une quarantaine de soldats et de feldgendarmes contre-attaquent en fin d'après-midi. Les commandants Viel, Pétri et Mazeline et un groupe de résistants réussissent à s'enfuir. Le maquis enregistre cinq morts : Alain le Gac, Roland Delatre, Eugène Richouenne, Pierre Jouan et Gustave Bobot ; une dizaine sont faits prisonniers. L'inspecteur du *Sipo-SD* Roegler ordonne qu'ils soient fusillés sur-le-champ ; sept sont exécutés dans un champ voisin : Auguste Leduc, Marcel Cottin, René Pelé, Francis Cheminel, Robert Gougeon, Paul Lasnier et Robert Zoccolini. Mais Daniel Desmeulles et André Catois, prisonniers intéressants pour les Allemands, sont emprisonnés à Alençon. Simone Viel, fille d'Almire, garde la vie sauve pour avoir soigné des prisonniers allemands blessés, mais elle est quand même déportée au camp de concentration de Ravensbrück. Les Allemands et leurs auxiliaires ornais récupèrent le stock d'armes, du ravitaillement, des machines à écrire et des cachets. Deux camions et une camionnette sont nécessaires pour évacuer cette saisie. La ferme Catois et l'école sont incendiées le 13 juin par Duru, Lotti et Vetter.

L'annonce du débarquement le 6 juin 1944 rend l'occupant et ses séides nerveux. Harald Heyns, le responsable de l'antenne du *Sipo-SD* de Caen, s'établit à Argences tandis que la plupart des auxiliaires calvadosiens conduits par Raoul Hervé quittent le Calvados pour venir renforcer leurs collègues ornais. Lors de son interrogatoire, Bernard Jardin confie : *« Ma fonction au* SD *à partir du débarquement consistait à servir d'intermédiaire entre le* SD *et le groupe français ; il n'y eut jamais qu'un seul groupe français dont le nombre a varié et je m'adressais aux membres du groupe français à qui j'avais affaire. Il n'y eut toujours qu'un seul groupe, même après l'arrivée des Parisiens. Toutefois Hildebrandt avait décidé que, pour les réclamations émanant des Parisiens, il n'y aurait qu'un responsable et Max Foulon fut désigné. Il est exact que nous étions tous dotés d'un brassard portant* « Deutsche Wehrmacht »*, en lettres noires sur fond jaune avec les cachets* SD *; nous le portions tous en expédition. »*

Le 10 juin, Jardin part en moto rendre visite à Bablin chez qui Raoul Hervé et sa bande ont trouvé refuge. Cinq hommes de la bande à Hervé, Laronche, Martine, Henri Léon, Chapron et Bertaux se font passer pour un groupe de résistants, ce qui permet le 14 juin l'arrestation de 19 personnes appartenant au maquis de Saint-Aignan-sur-Sarthe, dont deux gendarmes de Courtomer, à Saint-Aignan le 14 juin. Jardin savoure le résultat de sa capture et boit un demi-verre de calvados : *« Ce n'est pas gênant, plus on va boire, plus on va en tuer. »* Seize des 19 résistants sont déportés.

Alors qu'à la fin du mois de juin, Jardin est chargé avec Bablin de conduire un homme vers le camp d'internement de Compiègne-Royallieu, Bablin lui confie que cet homme est innocent. Jardin en réfère à Hildebrandt qui fait le nécessaire auprès de sa hiérarchie rouennaise : lors d'un voyage à Paris, *« j'ai ramené cet homme à Condé d'où il fut libéré »*.

6.
Les opérations s'accélèrent

Les 15 et 16 juin, le *Sipo-SD* d'Alençon prépare une expédition à Orgères où réside un certain Roger Boudon, nom lâché par Daniel Desmeulles au cours de son interrogatoire. Roger Boudon est le responsable local du BOA. Jardin confie cette mission à trois gestapistes calvadosiens, Émile Chapron, Joseph Martine et Henri Léon. Ils tentent de l'arrêter, mais Boudon réussit à s'échapper en leur lançant une grenade ; Léon et Martine sont blessés, ce qui conduit le petit groupe à laisser tomber. Accompagné de soldats allemands, Jardin revient vers 23 heures et lance une attaque contre la ferme de Roger Boudon : mitraillage et lancer de grenades. Une femme et un ouvrier agricole sont arrêtés : si la femme est relâchée, l'homme est envoyé travailler en Allemagne. Le 17 juin, une ferme voisine est perquisitionnée tandis que la ferme de Roger Boudon est incendiée. C'est seulement le 8 juillet, à la suite d'une rafle opérée à Saint-Evroult-Notre-Dame-des-Bois, que Roger Boudon est localisé dans la ferme du Bois Manceau aux Touquettes. Bernard Jardin et Gustav Vetter cernent la ferme et mènent l'attaque.

Pendant une demi-heure, les tirs font rage, puis Roger Boudon et Auguste Lefebvre tentent une sortie, mais sont abattus.

Ce même 17 juin, Jean Laronche se présente chez Lefrançois comme résistant. Alfred Buffard le croit et le conduit chez Maurice Violet, membre du BOA de Martilly ; son exploitation agricole sert de dépôt d'armes et de cache aux résistants. En fin d'après-midi, Allemands et Français du *Sipo-SD* encerclent la ferme et arrêtent dix résistants. Après avoir été torturés dans l'école de Gacé, ils sont conduits à Damigny, puis à Alençon. Maurice Violet est déporté le 17 août au camp de concentration de Buchenwald ; au cours d'une marche de la mort, blessé à un genou, il est abattu par un *SS* le 20 avril 1945. Alfred Buffard, Clément Poirier, Émile Rouzier, Jean Gondier, Alfred Chemin sont déportés et sont ensuite affectés dans la mine de sel de Neu Stassfurt : ils décèdent en déportation. Roland Fontaine et Emmanuel Ernault survivent tandis que Blanchard est relaché. Lavigne est exécuté au cimetière Saint-Léonard d'Alençon le 31 juillet et Sery meurt à Alençon. Une quantité importante d'argent liquide est saisie dans la ferme de Maurice Violet.

Le 19 juin, Bernard Jardin, accompagné de Bertaux et d'un soldat allemand va à La Ferté-Macé chez un certain Robillard, mais celui-ci s'enfuit en leur tirant dessus ; lors de la perquisition de sa maison, Jardin récupère une paire de chaussures. Il revient le 7 juillet avec quelques gestapistes français venus de Paris et charge dans une camionnette de nombreuses bouteilles. La moitié est remise aux gestapistes allemands.

Informé par un indicateur que Louis Louvrier serait un responsable local de la Résistance, Jardin lance, le 19 juin, une expédition.

Auparavant, il passe à Fontenai-sur-Orne où il découvre un centre d'abattage clandestin : 300 kg de viande sont saisis. Marie-Rose Rieux, connue sous le nom de Marinette, apporte de vagues renseignements sur la présence de résistants à Silly-en-Gouffern. Jardin la présente à Hildebrandt qui lui dit qu'il ferait le nécessaire pour faire libérer son mari prisonnier en Allemagne. Le chef du *Sipo-SD* demande à Marinette de participer à leur expédition : *« Il décida qu'elle participerait à l'expédition et qu'elle s'habillerait en homme, elle essaya d'ailleurs un costume à moi. »* Le lendemain, Louis Louvrier est arrêté à son domicile : il est violemment torturé devant sa femme et son fils de 8 ans par Moessner, Jardin et Bertaux. Son épouse reçoit quelques coups de cravache. Conduit au siège du *Sipo-SD* à Condé-sur-Sarthe, Louvrier est de nouveau torturé ; envoyé au camp d'internement de Compiègne-Royallieu, il sera déporté au camp de concentration de Buchenwald. Transféré à Dora, puis à Dachau, il est enfin libéré le 16 mai 1945. Son épouse, ainsi que Boutigny, Lemoine, Poupard et Fogletti sont arrêtés mais ne sont pas déportés. Au contraire des autres résistants, William Poupard se met à parler quand il se retrouve face aux Allemands ; il est violemment frappé par Guillory. Mais Bernard Jardin emploie la méthode douce : *« je l'ai interrogé ensuite sans le frapper et lui ai proposé de travailler pour nous, ce qu'il a accepté aussitôt... Je l'ai avisé que, s'il voulait travailler avec nous, il lui fallait donner une affaire et c'est là qu'il nous a donné les premiers éléments de l'affaire de la forêt d'Écouves. »* Après trois jours de prison, il est libéré le 23 juin : sa connaissance des milieux résistants, en particulier du maquis de la Perdière, allait se montrer très utile au *Sipo-SD*. William Poupard devient un précieux auxiliaire. Le *Sipo-SD* tenait sa revanche : la Résistance lui avait tué deux auxiliaires, mais un des siens avait été retourné. En effet ce même 20 juin, Jean Laronche et Joseph Martine sont envoyés pénétrer le maquis, mais ils n'en reviendront pas. Ils sont repérés dans un café de la Perdrière par des résistants : ils sont identifiés par la bicyclette qu'André Mazeline avait abandonnée après le combat de Lignières-la-Doucelle, puis par leurs armes et leurs papiers compromettants : l'un des deux porte sur lui sa feuille de paie du *Sipo-SD*. *« Il s'agit de Laronche (28 ans, petit brun, allure de voyou) et Dourdine, en réalité Martine, (20 ans, grand blond, un air de matamore), agents du SD d'Alençon. »* Jugés par un conseil de guerre improvisé présidé par le général Allard, ils sont condamnés à mort et fusillés. André Mazeline publiait un communiqué appelant à *« abattre sans pitié tous les agents de la* Gestapo*, les traîtres, les mouchards. Ceux qui sont à la solde du Boche doivent payer de leur félonie. C'est une mesure de sécurité pour nous tous. La terreur est le seul moyen d'imposer le silence aux délateurs. Les exécutés ne nuiront plus. Les autres n'oseront parler. »* Le message est clair : Jardin et les siens sont prévenus.

Le 24 juin, Bernard Jardin réquisitionne la camionnette d'un marchand de beurre pour se rendre à Écouché. Recherchant des Russes évadés, il consulte Goulard. Il se rend ensuite chez un couple, Angèle et Arthur Saussaye, cultivateurs à La Fresnaye Fayel : les Allemands ainsi que Jardin les frappent « avec une trique ». Arthur indique un dépôt d'armes constitué par les résistants du BOA de Mardilly. Tandis que sa femme réussit à s'échapper, Arthur est fait prisonnier et est fusillé le 4 août au cimetière Saint-Léonard d'Alençon. Dans cette ferme se cache le jeune Michel Fleury ; il tente de s'enfuir, mais est blessé. Interrogé, il donne des noms. Après l'exécution du résistant Lefrançois, Michel Fleury accepte de se mettre au service de Jardin. S'étant rétracté, il est cependant gracié par Jardin : *« Je l'ai libéré un peu par pitié, il était jeune, fiancé.* » La ferme est incendiée. Auparavant elle est pillée et des vêtements et des denrées alimentaires sont récupérés. Lors de son interrogatoire, Jardin se justifie ainsi : *« Il en fallait pour distribuer aux réfugiés politiques qui passaient, mais il ne fallait pas se servir soi-même ; Hildebrandt était très strict sur ce chapitre et moi-même je m'étais fait faire des remontrances à propos d'une paire de chaussures prise chez Robillard.* »

Le 26 juin, à la suite de l'interrogatoire d'Henri Laporte, Jardin se rend chez un certain Brilland. Étant absent, son épouse est interrogée et frappée : *« J'ai été arrêtée par des* SS *qui m'ont mise au mur, ne voulant pas croire l'authenticité de mes papiers parce que le cachet du commandeur de Paris était un peu brouillé ; leurs armes étaient chargées lorsqu'est arrivé le lieutenant qui m'a fait libérer »*. Un dénommé Philippe est arrêté, mais il a la mauvaise idée de donner un coup de pied à Duru : il est fusillé sur-le-champ par les Allemands. Jardin et ses séides emportent les vêtements de Brilland et de ses fils. Alors qu'il marchait avec son pistolet-mitrailleur, Jardin faillit être fusillé par les *SS* qui le confondent avec un résistant !

Le 27 juin, Jardin et Moessner passent voir Goulard à Écouché. Ils veulent trouver ces maquisards qui ont exécuté le 26 juin Gabriel Morineau. Cet ingénieur des travaux publics était le responsable départemental du MSR, mais aussi délégué cantonal de la LVF, membre du COSI et du comité directeur départemental du FRN, cette tentative sans lendemain de regroupement des partis collaborationnistes. Condamné à mort par la Résistance, Gabriel Morineau est exécuté par trois résistants près du bourg de Carrouges. Marcel Mollin revêtu d'un uniforme de l'Organisation Todt accoste Morineau et l'entraîne vers un endroit discret où il accomplit sa mission. Une ambulance allemande, prise de guerre des résistants, évacue le corps.

À la suite des informations recueillies par Poupard sur l'existence d'un maquis, Jardin décide de lancer une opération à Francheville le 28 juin. Des maquisards s'étaient regroupés à l'annonce du Débarquement dans les bruyères de cet endroit difficile d'accès et un dépôt d'armes était constitué dans une carrière abandonnée. Coups de main et abattages d'arbres se succèdent jusqu'au regroupement dans la carrière des Riaux à Boucé. Les maquisards établissent des barrages et attaquent des camions allemands. Sur les conseils du général Allard, les maquisards se dispersent et gagnent la Mayenne voisine. Vers la mi-juin, Bernard Jardin rencontrait à Sées une jeune fille de 16 ans qu'il connaissait. Mise en confiance, celle-ci lui indique les adresses de quelques résistants. William Poupard qui vient d'être «retourné» par le *Sipo-SD* est envoyé avec Chapron à la recherche de renseignements dans la forêt d'Écouves. Poupard rencontre Georges Toutain et espère trouver l'endroit où est caché André Mazeline, mais Poupard éveille les soupçons quand il parle du responsable de l'OCM sous son nom et non sous son nom de guerre «Marsouin». Le *Sipo-SD* intervient, arrête Toutain et sa famille, puis se rend chez Lebossé à Fleuré où elle trouve Étienne Panthou et sa fille Simone. Ils résistent en tirant et blessent trois gestapistes. Sur la menace de Jardin de faire sauter la maison, ils se rendent. Ils sont ensuite violemment questionnés, Jardin voulant connaître les endroits où étaient cachés le général Allard et André Mazeline; Étienne Panthou est amené à la carrière de Fleuré où se trouve un dépôt d'armes gardé par deux résistants. L'un d'eux, Maurice Terrier, et Étienne Panthou sont exécutés sous les yeux de Simone. Le *Sipo-SD* prend le chemin de la ferme des Riaux où elle arrête une dizaine de maquisards. Si deux réussissent à s'échapper, Georges Toutain, Paul Defloraine, Joseph Goubin, Marcel Klein, un Alsacien déserteur de la *Wehrmacht*, Jean Laurent, René Philippeaux, André Piquet et Bernard Plessis sont fusillés dans un champ ; leurs corps sont jetés dans une soue à cochon. La ferme des Riaux est pillée et incendiée. Le bilan est lourd pour la Résistance ornaise : dix morts et cinq déportés dont Simone Panthou. Des armes et un poste-émetteur sont récupérés et des informations vont permettre au *Sipo-SD* d'attaquer le maquis de Tanville.

Le résistant Marcel Mollin est trouvé porteur de l'ordre d'exécution de Gabriel Morineau ; ce document suffit à Jardin qui l'exécute et déclare : *« Morineau est vengé »*. Lors de son interrogatoire le 28 novembre 1945, Jardin reconnaît ce meurtre : *« J'ai tué moi celui qui avait exécuté Morineau, Bertaux et les Allemands les autres »*. Ce 28 juin 1944, Bernard Jardin est devenu un tueur.

Le 26 juin, le groupe Action opère à Trun. Raymond Bourgoin fournit des informations à Jardin et lui donne deux noms : Leplat et un gendarme ayant servi dans l'aviation. Récemment retourné, William Poupard confirme ces éléments et donne deux autres noms : Guédé et Chaplain. L'ancien résistant est envoyé à Silly-en-Gouffern où Jardin, Duru, Bertaux et Marinette le retrouvent le dimanche matin. La bande effectue une nouvelle perquisition chez Foccart, mais sans résultat. Le lundi l'expédition franco-allemande menée par Vetter et Jardin arrête trois résistants qui, sous les coups, donnent le lieu de dépôts d'armes et d'essence. Ils sont ensuite exécutés dans un champ par les Allemands.

Toujours à la recherche de Jacques Foccart, Jardin revient à Rânes le 26 juin : trois habitants sont arrêtés et brutalisés.

Le 29 juin, à la suite d'un renseignement venu de Paris affirmant qu'un chef de la Résistance, le général Arthur, était caché chez le curé de Saint-Léonard-des-Bois, l'abbé Nourry, Jardin perquisitionne. Le résistant n'y est pas, mais les auxiliaires du *Sipo-SD* ne repartent pas les mains vides. Ils tombent sur un coffret contenant 230 000 francs de titres, 50 000 francs en billets et 230 louis d'or de 20 francs. Ils embarquent aussi une voiture Rosengart, deux bicyclettes, trois litres d'eau-de-vie, trois bouteilles de Champagne, deux montres dont une en or, deux chandails, quatre chemises et deux appareils photo. Le prêtre estime son préjudice à 600 000 francs ! Parmi les quatre agents français, l'abbé Nourry reconnaît Jardin et Fernizon.

Devant le danger croissant que représentait Bernard Jardin, la Résistance tenta de l'éliminer, mais en vain. Ainsi Robert Lebreton et ses amis résistants montent une embuscade dans le secteur de Briouze ; Jardin venait régulièrement à la laiterie pour réquisitionner du beurre et du fromage : *« malheureusement il devait au dernier moment modifier son itinéraire et échapper ainsi au châtiment qui l'attendait. »*

7.
Un mois de juillet productif

Le 3 juillet, Jardin et Duru interviennent à Domfront. Après avoir arrêté André Rougeyron, un ingénieur qui a hébergé des parachutistes alliés, ils interpellent six personnes qui sont brutalisées et volées de tout ce qu'elles portent sur elles. Rougeyron témoigne le 9 avril 1945 dans Le Publicateur Libre : *« Monsieur est ingénieur, Monsieur s'occupe du gazogène. Je n'insiste pas sur les commentaires. Mais tout à coup, on trouva une attestation en anglais, certifiant que j'avais hébergé pour le compte de la ville 240 soldats américains, prisonniers à Saint-Lô, de passage à Domfront... Ah monsieur parle anglais, Monsieur nous traduira cela tout à l'heure... Puis Jardin m'empoigna par le col de mon veston et me conduisit vers le bas de la prairie. Chemin faisant, il s'arrêta pour me passer des menottes rigides qu'il serra à force. À ce moment, il vit ma montre-bracelet, l'enleva, la mit dans sa poche, en me disant :* "Pour qu'elle te blesse pas." *»*

Le 4 juillet, à la suite de renseignements donnés par Neveu sur la présence de réfractaires du STO à Saint-Gervais-du-Perron,

Jardin se rend à Sées chez un certain Cousin qui est arrêté : *« Il est possible qu'il fut frappé. »* Pendant la période du 30 juin au 4 juillet, Jardin et ses sbires ne mènent pas d'expédition, mais ne restent pas inactifs. Tout puissant, Jardin se rend à la gendarmerie où il lit les rapports et y trouve des renseignements intéressants. Il règle l'affaire de Guillory qui avait organisé un contrôle routier pour récupérer du beurre, denrée très recherchée sous l'Occupation.

Les expéditions reprennent le 5 juillet, la première étant menée à Tanville, toutefois sans la présence de Jardin qui a été envoyé à Paris. Depuis le 6 juin, sous le commandement de Maurice Vernimmen dit Leblond sont regroupés environ 75 maquisards dans le bois du Piérré dans la forêt d'Écouves. Dès le lendemain du Débarquement, ils lancent des opérations de guérilla et de sabotage contre les convois allemands. Par exemple, les maquisards abattent des arbres à La Croix Médavy, ce qui bloque un convoi allemand et facilite son mitraillage par l'aviation alliée. Le câble téléphonique souterrain reliant Caen au Mans est sectionné. Grâce à des informations obtenues après l'attaque du maquis de Francheville, une expédition est déclenchée le 5 juillet par le *Sipo-SD* avec la présence des gestapistes venus de Paris, lesquels passent à l'action avec une grande sauvagerie. Seuls quatre résistants sont pris et violemment interrogés. Après avoir été emprisonnés à Alençon, Lucien Boulier, René Brunet, Bernard Pitel et Maurice Denis sont ensuite envoyés au camp d'internement de Compiègne-Royallieu, puis déportés en Allemagne. René Brunet et Bernard Pitel y décèdent.

Sous les coups, Jérôme Desfresnes livre l'emplacement d'un dépôt d'armes au lieu-dit La Poterie aux Touquettes. Le 8 juillet, la ferme Cottenceau est attaquée à la grenade et ses occupants sautent avec leurs munitions. Le *SS* Hautmann est blessé et est conduit par Jardin à Alençon. Au retour, la voiture de Jardin est mitraillée.

Inconnus dans l'Orne, les gestapistes parisiens passent d'abord inaperçus. Ainsi, le 7 juillet, Robert l'Algérien entend une conversation dans un débit de boissons de Saint-Rigomer. Aidé par Henri Léon, il commence une enquête. Ils se font passer pour des résistants, ce qui leur permet de converser avec un homme hospitalisé : *« Ils obtinrent de lui le refuge des compagnons de son groupe. »* Une expédition est menée le soir même. Elle se solde par les tortures et les exécutions de Héroux, de Fleur, de Fontaine, de Pierre et de Mirande. Deux autres sont déportés.

Le 14 juillet, l'attaque à main armée de la perception d'Écouché est vraisemblablement à mettre au crédit des sbires de Bernard Jardin : 339 915 francs sont volés par trois individus armés.

Les arrestations continuent çà et là. Le 21 juillet, à la suite d'une information donnée par Goulard, trois voitures garnies de gestapistes allemands et français se rendent à Écouché. Jacques Flouvat est arrêté et dénonce le percepteur d'Écouché, Robert Louche, résistant de l'OCM, mais ce dernier est déjà parti et a rejoint un réseau parisien. Son épouse est violemment interrogée, mais Jardin minimise : *« Frappée pas très fort, mais elle eut peut-être le nez dans une lessiveuse »*. Les gestapistes vont de maison en maison à la recherche de renseignements. À la demande d'Hildebrandt, Jardin visite le maire de Francheville : *« Nous avions l'ordre d'Hildebrandt d'aller voir de Montesson comme maire de Francheville pour lui préciser qu'il y avait vraiment trop de résistance dans sa commune »*, mais il répond qu'il n'y pouvait rien. Les gestapistes parisiens en profitent pour voler quelques affaires à son domicile. Deux résistants, Butot et Gilbert, sont arrêtés et exécutés tandis que Guyot, Préel, Meslay et Dubourg sont déportés.

Il arrive que des lettres de dénonciation ne produisent pas l'effet recherché. À la suite d'une lettre envoyée à la *Feldkomandantur*, une vingtaine d'habitants du Sap sont arrêtés, mais tous sont libérés ; Jardin conclut qu'*« il était visible que l'affaire n'existait pas. »* Pour ne pas être venus pour rien, les auxiliaires du *Sipo-SD* volent 110 000 francs.

Depuis l'arrestation de Fernand Chasseguet, contrôleur des PTT, responsable OCM du secteur d'Alençon, le 24 mai, François Bouilhac lui a succédé. Les limiers de Jardin le localisent et l'arrêtent à son domicile le 24 juillet. Conduit à Alençon, Bouilhac est violemment interrogé par Jardin, Moessner et Lotti : *« Nous avons frappé tous les trois, il n'a rien dit. »* Il ne donne aucun nom, mais livre le lieu d'un dépôt d'armes dissimulé dans une usine en construction à Alençon. Avec Lubling, Bablin et Lahaye, Jardin emmène Bouilhac à Saint-Denis-sur-Sarthon où réside Maurice Mallet, le chef du groupe VII d'Alençon: il est arrêté et violemment brutalisé devant sa mère, ce que conteste Jardin : *« Sans être frappé, il nous conduisit au maquis de Champfrémont. »*. Bouilhac et Mallet sont ensuite conduits à Courtemiche où sont surpris les résistants Bernard Dufrou et Jacques Hochin gardant le dépôt d'armes : sous la surveillance des gestapistes, Mallet et Hochin doivent évacuer les armes. Une fois le transport terminé, Lubling signifie que ce n'est pas la peine d'emmener les prisonniers : *« C'est moi qui ai exécuté Mallet et Hochin à la mitraillette* » pendant que Lubling s'amusait avec un petit chien. Malgré les tirs de Bablin et de Lubling, Dufrou, atteint dc trois balles, réussit à s'échapper. François Bouilhac est conduit à la prison d'Alençon. Son arrestation conduit les agents du *Sipo-SD* à intervenir le lendemain chez Mme Bocquillon qui est interrogée et frappée.

Le 27 juillet, le *Sipo-SD* vient enquêter à Giel sur le maquis FTP formé par Jean Soubabère dans la région d'Argentan. Le soir même, Kruger, Mario Stanziano et Roland Griveau réussissent à arrêter Jean Mazeline, responsable cantonal OCM de Sées. Frère d'André, chef départemental, Jean est arrêté au domicile de ses beaux-parents à Saint-Michel-Thubœuf. Il y avait rejoint son épouse sur le point d'accoucher et cette imprudence entraîne son arrestation et, le 9 août, son exécution à L'Hôme-Chamondot. Le lendemain, Jardin est envoyé avec quatre membres de sa bande escorter un convoi de prisonniers vers Paris ; ils sont de retour le 31 juillet.

8.
Les expéditions s'enchaînent en août

Le 1er août, Allemands et gestapistes ornais sont de retour afin d'arrêter Jean Soubabère, mais celui-ci a rejoint le maquis de Bois-Lévêque. Le lendemain, sous la conduite du mouchard Raymond Bourgoin, la bande franco-allemande se lance à la poursuite de résistants et de réfractaires au STO : quelques arrestations sont opérées.

Le 3 août, une expédition est menée sur Domfront sur les indications de William Poupard. Le 4, la bande opère à Saint-Cyr-la-Rosière ; à la suite d'une enquête menée par Léa Blanquart et son ami de l'*Abwehr*, Walter Hoffmann dit Baumann, après l'attaque d'une ferme à La Chapelle Souef par des résistants, Jardin envoie deux de ses agents, Robert l'Algérien et Gouin, enquêter, mais ceux-ci reviennent bredouilles. Une expédition est cependant montée et se solde par quelques exécutions. Les interrogatoires se font de plus en plus brutaux comme en atteste celui de Lucienne Lochon ; sa fille est également violemment interrogée :

« Je n'ai pas assisté aux tortures infligées à ma fille, je l'ai entendue crier. ». Quant à Lucienne, les gestapistes procèdent à son *« immersion dans un baquet à cinq reprises »* ; entre temps les gifles s'abattent. Max Foulon la menace avec son couteau. Lucienne Lochon se souvient : *« J'ai ressenti une très violente douleur aux parties intimes, c'est ce qui me fait penser qu'ils ont dû me pénétrer avec la main... lorsque je me suis déshabillée après les sévices, j'ai constaté que ma culotte était coupée. »* Lucienne pense avoir reconnu l'auteur des sévices sexuels : Max Foulon. Faute de renseignements, la bande pille : *« Ce jour-là, ils ont emmené ce qu'ils ont pu : argent, mallette contenant les bijoux, appareil photo, jumelles, couteaux »* ; ils reviennent le lendemain pour voler du linge, des provisions et une bicyclette. Entendant les cris, Duru vient à son secours : *« Laissez-la tranquille, elle ne dira rien, d'ailleurs elle n'est pas forcée de savoir, si ma femme savait ce que je fais. »* Lors de son procès, Jardin dit regretter ces scènes ignobles : *« Si j'avais été présent au moment, cela ne se serait pas passé. »* Après avoir été torturée, Lucienne Lochon fait constater ses blessures à un médecin : œdème et déchirure de la muqueuse vaginale.

À la suite de renseignements fournis par Bouëssel, hôtelier à Bellême et membre du PPF, Léa Blanquart se rend chez le boulanger Dreux. Jardin s'y rend avec quelques membres de son équipe pour liquider le maquis des Corbinières. Bertaux exécute trois résistants. L'équipe en profite pour subtiliser 120 000 francs qu'elle se partage, un quart étant pris par Jardin.

Le 6 août 1944, Bernard Jardin décide d'arrêter les opérations et de préparer le départ en récupérant trois ambulances, une voiture de la Défense Passive et un camion. Les derniers prisonniers sont conduits en autobus à la prison de Fresnes ou au camp d'internement de Compiègne-Royallieu. Jardin est spécialement chargé d'escorter sept prisonniers ayant une certaine importance aux yeux des Allemands.

9.
La violence et la torture au quotidien

Allemands et Français du *Sipo-SD* pratiquent la manière forte lors de leurs interrogatoires. Outre Lucienne Lochon, beaucoup de personnes arrêtées subissent les violences et les tortures des hommes de Jardin ou de Jardin lui-même.

Dénoncé par Eugénie Terrier, Émile Boisseau est arrêté le 5 juin 1944 à Écouché : *« Ne connaissant pas le sujet de mon interrogatoire, ou du moins feignant de ne pas le connaître, je n'ai pu rien dire. C'est alors qu'a commencé pour moi une distribution de gifles par deux acolytes de Jardin. Ce dernier m'ayant dit de parler sans me poser de questions, je n'ai rien dit. À ce moment-là, un de ces individus m'a pris par les cheveux, m'a mis la tête entre les jambes, le visage contre le sol et les mains derrière le dos. Jardin et ses camarades m'ont frappé sans interruption avec une matraque en caoutchouc sur les reins et les fesses. »* Son épouse est également violemment interrogée : *« Ils m'ont brutalisée pendant une heure. Je me suis évanouie deux fois. »*

Le 28 juin 1944, Étienne Panthou et sa fille Simone sont arrêtés. Revenue du camp de concentration de Ravensbrück, celle-ci témoignera en juillet 1945 : *« J'entendais mon père crier, puis ils me firent descendre dans la cuisine et, devant mon père, me frappèrent, je reçus nombre de coups ; ils me mirent complètement nue, tout en me frappant, ils m'interrogeaient et voulaient savoir où étaient les armes, le général Marsouin (nom de guerre d'André Mazeline) ; mon père fut à nouveau battu devant moi, affreusement, puis on nous emmena alors tous les deux à la carrière de mon père à 1 500 m de là. »* Étienne Panthou est abattu sous les yeux de sa fille.

Le 17 juillet 1944, une quarantaine de soldats allemands et six Français dont Jardin, Neveu et Haquin investissent la ferme des époux Buffon à Joué-du-Plain ; les époux Buffon témoigneront en avril 1945. Georges Buffon *« s'étant refusé à les renseigner, les soldats allemands et les agents français l'ont conduit dans une cave où ils l'ont frappé avec une hampe de fouet tressé sur toutes les parties du corps pendant plus d'une heure. »* Son épouse subit les mêmes sévices. La ferme est ensuite incendiée après que les hommes du *Sipo-SD* aient récupéré 150 000 francs, des bijoux en or, des chaussures et des vêtements.

Arrêté le 30 juillet 1944, André Trocherie témoigne à son retour de déportation du camp de concentration de Buchenwald : *« Les membres de la police allemande venus m'arrêter étaient au nombre de sept dont un Allemand en tenue ; je pense que les six autres devaient être des Français, parmi les photos que vous me présentez, il me semble reconnaître ces trois-là : le témoin désigne Bogdanoff, Bertaux et Foutrel ; Bertaux serait l'un de ceux qui m'a frappé. »*

Léopold Duval témoignera en juillet 1945 : *« J'ai été très frappé, Jardin me tenait la tête dans une couverture. »* Un rapport de gendarmerie du 20 novembre 1944 indique : *« Les deux jeunes Potel Michel et Drouet Alfred ont en plus été attachés avec des menottes. Ces derniers ont été maltraités avec brutalité par Jardin et deux soi-disant Parisiens prénommés Max et Gilbert. »*

La lecture des témoignages enregistrés par la gendarmerie ou la police montre un scénario très souvent identique : arrestations, coups, tortures, pillages et vols ; en effet après chaque arrestation, Jardin ou ses sbires prennent les portefeuilles de leurs victimes, les vident et les brûlent. Les interrogatoires violents et les tortures étaient devenus le quotidien de Jardin et de ses sbires.

10.
Une once d'humanité

Fille de Philippe Livry-Level, engagé dans la *Royal Air Force*, Monique connaît une première libération dans le château familial d'Audrieu accueillant avec joie les libérateurs canadiens et britanniques. Ceux-ci cherchaient des civils pour traverser les lignes et leur rapporter des renseignements. Monique se propose : *« Depuis quelque temps, je m'interrogeais sur ma contribution à la victoire finale et je la trouvais insuffisante, je vis là une occasion inespérée de rattraper le temps perdu. »* Le 12 juillet 1944, Monique part effectuer sa première mission, mais elle est arrêtée par des *SS*. Ses interrogatoires ne donnent rien dans la mesure où elle n'avait rien à dire. Devant l'avancée alliée, elle est emmenée à Alençon et incarcérée dans l'ancien château des Ducs d'Alençon. Le 9 août, elle évacue Alençon dans une ambulance de la Croix-Rouge suivie par une Traction avant noire du *Sipo-SD*. Elle est accompagnée de plusieurs résistants. Le convoi se dirige vers le Perche et atteint Mortagne : *« Nous étions désormais sept prisonniers gardés par deux hommes armés. »* Outre Monique

Livry-Level, il y a Daniel Desmeulles, chef de la Résistance ornaise, François Bouilhac, responsable OCM, Fernand Chasseguet, contrôleur des PTT et responsable OCM, Alfred Frémiot, agent du Bureau des Opérations Aériennes, Jean Mazeline, chef de l'Armée secrète du canton de Sées et Jean Moreau, responsable FTP. Extraits de la prison d'Alençon, ils sont conduits par Dangerville au château de Brotz.

C'est là que Monique fait la connaissance de Bernard Jardin : *« Je ne le connaissais pas, mais j'avais beaucoup entendu parler de lui en prison où sa réputation était fort mauvaise. Sa lutte contre les maquis avait été redoutable et la cruauté de ses interrogatoires avait dépassé celle des Allemands. »* Après l'avoir regardée longtemps, il propose à Monique de venir s'asseoir avec lui dans l'herbe et lui déclare : *« Tu as joué, tu as perdu et tu dois payer »*, ajoutant : *« j'ai une mauvaise nouvelle à t'annoncer, tu as été condamnée à mort par le tribunal de l'*OKW *et j'ai reçu l'ordre de t'exécuter. »* Prenant conscience de ce qui l'attend, la jeune fille demande à Jardin l'assistance d'un prêtre, mais il lui répond qu'il n'y en a pas et que, de toutes façons, il n'a pas le temps d'en trouver un. Monique repense alors au jeune *SS* qu'elle a soigné à Audrieu et lui en fait part. Jardin se lève et part en lui lançant : *« Va dans la cave, je vais voir ce que je peux faire pour toi. »* De la cave, elle entend la conversation de Jardin avec un Allemand : *« Cela fait trois ans que je travaille pour vous et je ne vous ai jamais rien demandé, aujourd'hui je te demande la vie de cette fille. »* L'Allemand lui répondait : *« C'est impossible, c'est l'ordre du maréchal commandant les forces de Normandie. »* Jardin insiste : *« Pour vous j'ai tué de ma main plus de cent personnes mais je n'ai jamais tué de femme, je ne tuerai pas aujourd'hui une jeune fille »*, mais l'Allemand rétorque qu'il ne peut outrepasser l'ordre : *« Je ne peux pas, j'ai l'ordre écrit de l'*OKW. *»* Jardin continue d'insister : *« J'ai travaillé pour vous parce que je crois au nazisme, tu sais que l'argent ne m'intéresse pas, donne-moi la vie de cette jeune fille, je ne veux pas la tuer alors que nous quittons le département de l'Orne. »* Quelques minutes plus tard, elle voit passer une petite procession et entend des coups de feu : cinq de ses compagnons viennent d'être assassinés par Gilbert Bertaux, dépeint par Monique dans une lettre à André Mazeline comme *« une effroyable brute, cruel, aimant torturer, sadique. Au physique, brun, petit, avec une assez jolie figure aux traits réguliers, mais d'une expression méchante. »* Elle y croise également Roger Lotti, Eugène Duru, Henri Léon.

Elle demeure seule avec Daniel Desmeulles ; un des séides français du *Sipo-SD* lance au chef de la Résistance ornaise : *« Tu es en vie, si on t'a gardé, c'est que tu vaux cher, alors boucle-là. Tu as joué au petit soldat mais tu es officier et nous les officiers on les respecte. »* Jardin les fait monter entravés au grenier. Daniel Desmeulles rassure la jeune fille. Le lendemain une Citroën Traction noire les récupère et les conduit à la prison de Fresnes. Monique Livry-Level est déportée le 17 août au camp de concentration de Ravensbrück et reçoit le tatouage n° 57756. Transférée ensuite dans d'autres camps, après avoir survécu au travail forcé dans l'usine Altéroda, aux brimades et à la faim, elle réussit à s'évader en avril 1945 au cours d'une marche de la mort et rejoint les forces russes. Monique devenue Corblet de Fallerans est décédée le 15 avril 2012. Quant à Daniel Desmeulles, il est déporté au camp de concentration de Buchenwald et décède le 12 mai 1945 dans celui de Bergen-Belsen.

Monique Livry-Level est de retour à Audrieu en mai 1945. Lors du procès de Bernard Jardin en avril 1946, Monique est le seul témoin à décharge. Elle n'ignore pas que son témoignage n'a aucune chance d'influencer la décision finale, mais déclare devant la cour de justice : *« J'ai été arrêtée dans le Calvados en mission d'espionnage. Condamnée à mort par les Allemands, j'ai été transférée à Alençon, puis à l'Hôme Chamondot où Jardin, par ses pressantes démarches, finit par me faire gracier.* » L'once d'humanité qu'eut Bernard Jardin ne permit cependant pas de le sauver du poteau d'exécution.

11.
La fuite en Allemagne

Le 10 août, Jardin et quelques-uns de ses agents sont envoyés vers Paris où il reçoit l'ordre de partir à Rouen. De là, il se rend à Évreux pour participer avec des *SS* à une attaque contre le maquis de Robert Leblanc.

Le 20 août 1944, la quasi-totalité de l'équipe de Bernard Jardin arrive au château de Londinières près de Dieppe. Installé au château de Croixdalle, Jardin en profite pour faire la fête avec Bertaux, Duru, Ziehaus et Regler. Les gestapistes ornais commettent plusieurs arrestations avec les Allemands ; ceux-ci se réservent l'argent mais règlent toutes les dépenses. Ainsi le 23 août, ils volent 40 000 francs ou le 29 août des bijoux d'une valeur de 73 000 francs. Jardin reçoit 15 000 francs : *« J'ai dépensé le tout à m'amuser. En arrivant en Allemagne, je n'avais plus que 5 000 francs alors qu'en quittant Alençon j'avais environ 20 000 francs. »* Toutes les équipes françaises des antennes du *Sipo-SD* de Normandie évacuent dans des camions et des voitures allemandes vers Coblence ; Jardin est accompagné de Duru, Griveau, Lahaye, Bogdanoff, Haquin, Lotti, Pinard, Bertaux, Peduzzi, Tison et Fernizon. Ils sont envoyés au cantonnement de Kappellestolzenfels à 5 km. La plupart sont affectés dans des usines sauf Lotti, le mouchard préféré d'Hildebrandt, et Fernizon, chargé de l'entretien du parc automobile du *Sipo-SD*. Jardin arrive à Coblence le 1er septembre : *« J'y ai retrouvé tout le service sauf Foutrel et Chucherie, j'avais vu Foutrel à Longwy avec la voiture de la défense passive vide de tout contenu. »* Max Foulon rejoint ses amis francistes à Maisons-Laffite avant de fuir avec la famille de Marcel Bucard vers Strasbourg, puis l'Allemagne : il est nommé délégué du Francisme pour le Wurtemberg !

Jardin est affecté comme chauffeur dans la fabrique d'eaux minérales et de sodas Rhenserbrummen à Rhens ; il y demeure quinze jours. Il rejoint ensuite le parti nazi qui le charge de conduire un camion de conserves à Trèves. Recruté avec Griveau par un responsable local du *Sipo-SD*, Jardin effectue quatre missions au Luxembourg dans les lignes américaines en novembre avec une solde de 250 marks et une attribution exceptionnelle de cigarettes et de cognac. Sa première mission consiste à franchir la rivière Sure et à se diriger vers les cités luxembourgeoises de Berdor et de Dierkirch : *« Le tout s'est passé sans incident et nous avons ramené des renseignements militaires. »* La quatrième mission s'avère plus compliquée, Jardin, Griveau et Duru manquent d'être capturés par des soldats américains. Jardin reprend son poste de chauffeur jusqu'en décembre. En janvier, Jardin est alors envoyé avec Lotti et Gueffier vers le front russe à Katowice où il retrouve Harald Heyns, l'ancien responsable de l'antenne du *Sipo-SD* de Caen, mais les troupes soviétiques occupent déjà Katowice. En arrivant à Berlin, il y croise pour la dernière fois

Bertaux et Griveau. Ces derniers s'engagent dans la *SS* et combattent les Soviétiques : ils sont décorés de la croix de Fer.

Alors qu'il doit partir pour Prague, Jardin est envoyé à Coblence. Les Alliés progressant en Allemagne, il se retrouve à Constance puis erre de ville en ville : Baden Baden, Sigmaringen, Rottwell et Innsbruck. Le 15 avril 1945, il reçoit de faux papiers pour partir en Italie en passant par Innsbruck et le col du Brenner ; en compagnie de Duru, Foulon, Fernizon et d'autres, Jardin arrive à Bolzano avant de se fixer à Merano dans le Haut-Adige, au nord de l'Italie. Le consul allemand lui remet 800 000 lires avec lesquels il compte s'installer : *« je comptais me fixer en Italie, exploiter un petit commerce. »*

Le 16 juin 1945, Jardin et ses amis sont arrêtés par d'anciens agents du *Sipo-SD* passés au service des Alliés : *« J'ai été très violemment frappé par ces individus et j'ai dû être hospitalisé dix jours. Je porte toujours sur le corps traces et cicatrices. »* Le 18 juillet, il est interné dans le camp de Modena ; transféré en France par les autorités américaines, Jardin est arrêté à Villefranche-sur-mer et arrive à Nice le 12 août. Il est transféré à Paris le 5 septembre, puis à la prison d'Alençon. Tentant d'échapper à la justice, Bogdanoff et Griveau se font passer pour des requis et se font ainsi rapatrier d'Allemagne.

Bernard Jardin et Eugène Duru. (AD Orne *530W52*.)

Auguste Haquin. (AD Calvados *996w36*.)

Eugène Duru. (AD Calvados *991w41*.)

Ladislas Goniewicz. (AD Calvados *996w45*.)

Mario Stanziano. (AD Calvados *996x52*.)

Max Foulon. (AD Calvados *996w54*.)

Paul Prunelec. (AD Calvados *996w52*.)

Roger Griveau. (AD Calvados *996w52*.)

Roger Lotti. (AD Orne *522W*.)

Valerian Bogdanoff. (AD Calvados *991w14*.)

Richard Reinhardt, dit « Hildebrandt ». (AD Orne *522w*.)

Brassard porté par les auxiliaires français du *Sipo-SD*. (DR.)

Bernard Jardin. (AD Orne *530W52*.)

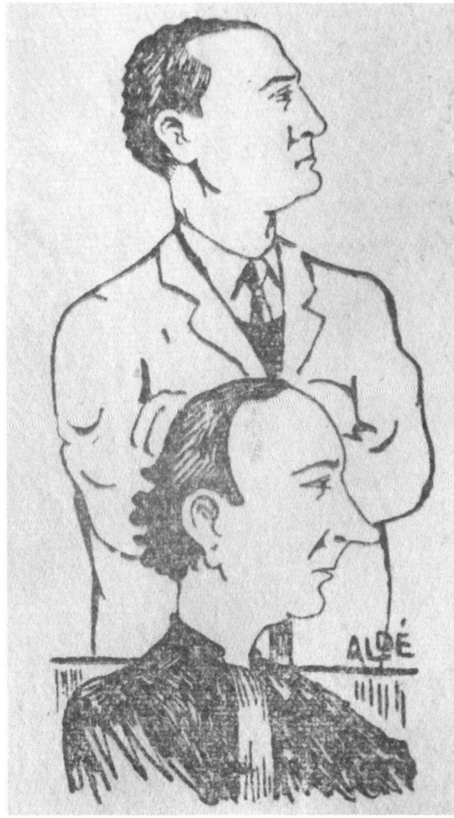

Caricature présente dans l'édition du *Maine Libre* du 13 avril 1946. (AD Orne.)

Signature de Bernard Jardin au bas d'une déposition. (AD Calvados *991w51*.)

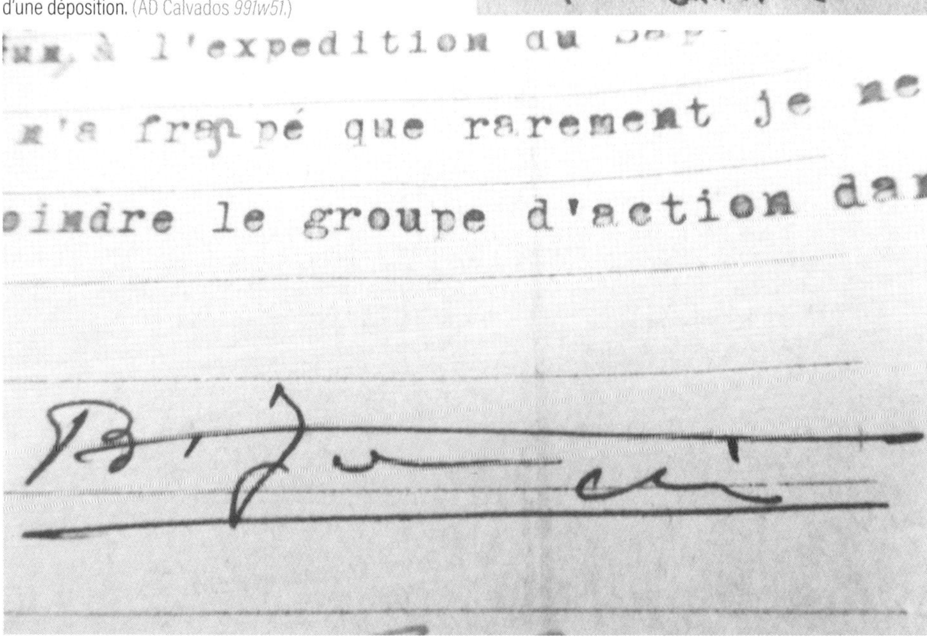

à l'expedition du

m'a frappé que rarement je ne

oindre le groupe d'action dan

Bernard Jardin à son procès. (AD Orne *41J62*.)

BERNARD JARDIN

DEVANT LA COUR DE JUSTICE DE L'ORNE

Le tortionnaire et massacreur de la Gestapo est condamné à la peine capitale

« J'irai voir juger Jardin... » ou « Je me réserve pour le procès Jardin... ». Combien de fois, depuis que la Cour de Justice de l'Orne fait comparaître les auxiliaires de la Gestapo, n'avons-nous pas entendu ces phrases prononcées par des gens qui paraissaient dédaigner les comparses pour se rabattre sur le gros gibier qu'à juste titre Jardin leur semblait être. Et ceux qui s'exprimaient ainsi oubliaient qu'une salle d'audience de tribunal ne dispose pas d'un aussi grand nombre de places qu'une arène de la Rome antique.

Vous devinez la bousculade qui se serait produite et aurait submergé tout service d'ordre si des milliers de personnes avaient voulu pénétrer dans la salle. Car Jardin est une grande vedette et, pour le voir juger, la foule se serait ruée. C'est pourquoi les magistrats du Parquet d'Alençon prirent l'excellente initiative de limiter les places par des cartes réservées spécialement aux anciens résistants, aux déportés et à leurs familles. N'était-il pas, en effet, normal que ce soient précisément ceux que Jardin avait tant traqués qui fussent admis à voir ce massacreur rendre compte de ses forfaits ?... C'est-à-dire ceux-là même qui le connaissaient bien, mais que la férocité et l'acharnement qu'il mettait à les poursuivre et les tortures risquées s'ils tombaient sous sa coupe ne faisaient pas trembler, puisqu'ils n'en continuaient pas moins leur dangereuse et salutaire besogne de héros.

UN FORBAN DE L'HUMANITE

Ainsi, faut-il que l'humanité engendre des forbans de ce genre, des monstres de cette espèce, qui sont d'autant plus dangereux [illegible]

Une du journal *Le Maine Libre* annonçant le procès de Bernard Jardin.

A LA COUR DE JUSTICE

Bernard JARDIN le plus redoutable adversaire de la résistance ornaise est condamné à mort

Une manchette du journal *Ouest-France,* datée du 11 avril 1946.

Poteau ayant servi à l'exécution des auxiliaires français du *Sipo-SD* d'Alençon. (*Ouest-France*, 13 février 1947.)

12. Le procès

La cour de justice de l'Orne siège du 27 novembre 1944 au 7 juin 1946 et juge 77 cas de grande collaboration. 40 peines capitales sont prononcées, mais seulement dix sont exécutées.

Ouest-France dans son édition du 11 avril 1946 écrit : *« Le jour où Bernard Jardin fut arrêté, c'était à la fin d'août 1944, la population ornaise toute entière poussa un soupir de soulagement. Celui qui personnifiait aux yeux de tous les gens de chez nous l'horrible* Gestapo *était hors d'état de nuire. »* Lors de son instruction, Bernard Jardin ne se défile pas et assume tous ses crimes et toutes ses exactions. Le 19 septembre 1945, il déclare à l'inspecteur de la surveillance du territoire qui l'interroge : *« Il ne me sera pas possible de mémoire de vous indiquer toutes les actions opérées dans l'Orne ou dans la région. Je tiens à dire au préalable que je ne vous dissimulerai rien de ce dont je me souviens. Je prendrai à ma charge les actes dont je suis responsable dans les grandes lignes, vous dirai la part qui incombe à chacun des principaux agents. Je crois que le chiffre des exécutions faites après arrestations tant par les Allemands de la* SD *que par les agents de ce service ne doit pas dépasser 70 ; quant au nombre de tués de la Résistance, au cours des combats, il ne doit pas s'élever à plus d'une trentaine. »* Ses séides le chargent au cours de l'instruction à l'exemple de René Neveu qui déclare le 4 juin 1945 : *« Je connais très bien le nommé Jardin, c'était le chef de la* Gestapo *française d'Alençon. Il était armé d'un revolver et portait une mitraillette dans les expéditions contre le maquis… Il vivait largement et était entretenu avec l'argent qu'il prenait sur la dépouille de ses victimes. »* Une notice du 12 septembre 1945 décrit Jardin comme un assez bon boucher, mais souligne qu'il était *« menteur depuis l'âge de dix ans et fainéant. »*

Le procès de Bernard Jardin s'ouvre le 10 avril 1946 à 9 heures devant la cour de justice d'Alençon. Gérard Bourdin le qualifie de *« grande cérémonie expiatoire »*. La foule vient en grand nombre assister à ce procès d'autant qu'à la même époque se déroule le procès Petiot, ce qui fait écrire à un journaliste du Perche Libéré : *« Notre Petiot, ce boucher qui tuait avec tant de dextérité. »* Celui-ci présente Jardin comme un homme *« dont la jactance, le vocabulaire ordurier, les gestes obscènes et l'accoutrement l'identifiaient au type du milieu, à la brute épaisse… ses codétenus le considéraient comme un dévoyé tombé au dernier degré de la pourriture. »* Le Maine Libre ajoute : *« Ainsi faut-il que l'humanité engendre des forbans de ce genre, des monstres de cette espèce qui sont d'autant plus dangereux qu'ils mettent leur intelligence à faire du mal. »* Plus de deux mille personnes se pressent devant le tribunal, mais seuls 400 sont autorisées à entrer ; elles sont choisies parmi des résistants, des déportés ou des parents de victimes jusqu'au troisième degré. Le Maine Libre compare le tribunal à une *« grande arène »*. Ce journal parle ainsi de Jardin : *« Le tortionnaire et massacreur de la* Gestapo*... un forban de l'humanité. »* Un service filtrage minutieux avait été effectué tandis que des soldats et des gendarmes assuraient le service d'ordre.

Le ministère public de la cour de justice est occupé par M. Jacobsen. La défense de Bernard Jardin est assurée par Jacques Isorni, l'avocat de Robert Brasillach et du maréchal Pétain, et Marcel Hubert. Jardin est vêtu d'un complet beige d'une coupe impeccable : *« Ce jeune homme au teint mat, aux traits réguliers, au regard perçant, fait une impression déconcertante tant au physique qu'au moral, quand on connaît la renommée qu'il s'est acquise. Dans ses yeux, dans son parler – il s'exprime avec aisance – on sent l'homme énergique : le chef. Car Jardin ne fut pas comme ses compagnons, le cupide, la brute, le sadique. National-socialiste, il se donna corps et âme à ce qu'il croyait être sa mission, il mit à son service toute son intelligence et toutes sa volonté qui étaient grandes. »* (Ouest-France). Cette tenue choque Raymond Danguy, directeur du Perche, revenu de déportation : *« L'acteur est apparu gominé et superbement moulé dans un magnifique costume gris-clair. Nous eussions préféré le voir – chacun son goût – dans une tenue un peu moins insolente, en bagnard par exemple, fers aux pieds et tête rasée – comme ceux qu'il avait envoyés dans les camps de la mort. Somme toute, il ne manquait à Jardin qu'une paire de gants beurre-frais. »*

La lecture de l'acte d'accusation est une longue énumération des méfaits commis par Jardin et sa bande. Devant la cour de justice, Jardin réaffirme son engagement national-socialiste : *« M. le président, je me suis considéré comme un soldat mobilisé au service de la police politique. Je suis convaincu que les dissentiments politiques et sociaux d'avant-guerre nous ont valu la défaite. Je pensais qu'il était possible de faire l'unité sous l'égide du maréchal Pétain, ce qui explique que j'ai été amené à adhérer au National-Socialisme.»* Bernard Jardin reconnaît que *«sa tâche lui est facilitée par sa grande connaissance de la région et ses relations multiples dans tous les milieux.»*

Lors de l'audience, Bernard Jardin reconnaît une vingtaine d'actes de torture et sept crimes qu'il a commis de sa propre main. La lecture des 25 pages dactylographiées se déroule sur quarante minutes. Bernard Jardin reconnaît que tout est exact. Lors de ses interrogatoires, il avait ainsi justifié le recours à la torture: *«C'était parfois nécessaire pour mener à bien notre action. Je reconnais avoir été un des plus actifs, mais tous, à des degrés, plus ou moins grands, ont participé à des actes de violences. Bertaux, en dureté, me dépassait encore.»* Il fait remarquer quelques actions généreuses comme la libération de détenus de la prison d'Alençon le 8 juin ou son intervention en faveur de Monique Livry-Level. En quelques mois, Jardin a dirigé plus de soixante opérations accompagnées d'exécutions, de tortures et d'arrestations.

Après avoir salué la mémoire de tous ceux qui ont été assassinés et déportés par Jardin, le commissaire du gouvernement Jacobsen déclare, lors de son réquisitoire, que *«les faits sont connus et ne laissent aucun doute sur l'issue des débats.»* Il décrit l'accusé comme *«un homme, ivre du poison national-socialiste,»* qui *«a tenu en échec avec une poignée d'espions l'armée clandestine de l'Orne. Quelle tristesse pour des Français de mourir de la main d'un Français. Jardin, au nom du national-socialisme, a mené une guerre totale contre ses compatriotes ! Je regrette que son dynamisme ait été mis au service d'une si mauvaise cause. Il ne peut offrir que sa vie pour le mal qu'il a fait. Aujourd'hui, il a offert son silence pour ne pas torturer certains cœurs. C'est le seul cadeau qu'il pouvait nous offrir avant de mourir car il n'est qu'une conclusion à mon réquisitoire : c'est la mort. »*

Avant de commencer sa plaidoirie, Jacques Isorni justifie sa présence aux côtés de Jardin : *« Un homme contre lequel on demande la mort doit être défendu. C'est une de ses libertés les plus sacrées. »* Quand il déclare s'honorer d'avoir assuré la défense du maréchal Pétain, des huées et des injures fusent dans la salle. Quand le président demande l'évacuation de la salle, les cris redoublent. L'intervention du commissaire du gouvernement réussit à calmer l'assistance ; Jardin, que l'on a fait sortir, est réintroduit dans la salle. Jacques Isorni peut commencer sa plaidoirie et décrit pendant une heure trente Jardin comme un orphelin de père qui s'est fait tout seul ; il concède qu'il a lu trop de livres politiques *« alors qu'il n'avait pas assez de sens critique pour éliminer ce qui devait être éliminé. »* L'avocat n'élude pas les crimes commis par Jardin : *« Vous avez à juger un fanatique pour qui le national-socialisme était une religion qui le poussait à considérer comme des adversaires ses propres compatriotes. »* Il tente de démontrer qu'il fut le jouet du chef de l'antenne du *Sipo-SD* d'Alençon Hildebrandt et souligne ses actes de générosité : *« Les démarches qu'il a faites en faveur de certains Français prouvent au surplus que lorsqu'il n'était pas fanatisé, cet homme avait encore le sens de l'humain. Il n'est donc pas indigne d'une certaine pitié. Si sur ses mains, il y a du sang, il n'y a pas de boue. »* Dans sa conclusion, il avance ses arguments pour tenter de sauver la tête de Jardin : *« J'ai la lassitude du sang. Jardin n'est plus qu'un vaincu devant vous, mais un vaincu sans lâcheté. Est-il possible que tant de jeunesse s'éteigne à jamais ? Quoiqu'en puisse en penser l'opinion, j'ai donc le devoir de vous demander la grâce. Il n'est jamais de juge au monde qui se soit repenti de l'avoir accordée.* » Raymond Danguy écrit dans son journal : *« Me Isorni a fait consciencieusement son métier d'avocat qui n'est pas toujours drôle, surtout quand il s'agit de blanchir un assassin... national-socialiste. Car le brillant défenseur, dont le verbe prestigieux était mis – une fois de plus ! – au service d'une si mauvaise cause, a tenté, une demi-heure durant, de nous faire croire que son répugnant client est un mystique, intoxiqué par le virus hitlérien. C'est « l'idéal » qu'il se faisait du national-socialisme qui l'aurait poussé à perpétrer tous ses crimes. On nous permettra d'en douter. Nous avons coudoyé en effet au Château des Ducs, en avril 1944, à une époque où, soit dit en passant, les détenus connaissaient un régime autrement sévère que celui qui est réservé aujourd'hui aux matraqueurs de la* Gestapo *– nous avons connu un Jardin (Bernard) beaucoup moins « idéaliste », un Jardin dont la jactance, le vocabulaire ordurier, les gestes obscènes et l'accoutrement l'identifiaient aux types du « milieu », à la brute épaisse, un Jardin que tous ses co-détenus considéraient comme un dévoyé tombé au dernier échelon de la pourriture. »*

L'argumentation de maître Isorni ne convainc aucun des jurés. Après une courte délibération, la cour de justice rend son verdict ; elle refuse toutes circonstances atténuantes et condamne Bernard Jardin à mort pour atteinte à la sûreté extérieure de l'État, trahison, homicides volontaires, vols et actes de barbarie et à la confiscation de tous ses biens. À toutes les questions, le jury répond oui à la majorité. La presse note que *« la foule, au paroxysme de son agitation, quitte alors la salle en applaudissant cet acte. »*

Bernard Jardin dépose un pourvoi en cassation dès le lendemain de sa condamnation, mais il est rejeté le 24 mai 1946. Il dépose alors un recours en grâce. Le procureur général conclut ainsi son rapport : *« Jardin ne cherche pas d'excuses à ses crimes. La population ornaise, à qui il inspire horreur et haine, réclame son châtiment. Je conclus fermement à l'exécution de la peine. »* Le commissaire du gouvernement va dans le même sens : *« Il se donna avec passion à ses nouvelles fonctions. Son intelligence, son habileté, son dynamisme, son courage, sa conviction, son acharnement et son fanatisme en firent l'adversaire le plus dangereux de la Résistance de l'Orne à laquelle il fit subir par son action personnelle les pertes les plus sanglantes. »* Il conclut son rapport : *« Jardin est considéré dans l'Orne comme le symbole de la* Gestapo. *Sa grâce serait considérée comme une insulte à la Résistance et entraînerait certainement des troubles. Son activité importante au* SD, *les assassinats qu'il a commis de sa main, ceux qu'il a permis aux Allemands de réaliser, les arrestations, les déportations suivies ou non de mort, et dont il est personnellement responsable me permettent de conclure à la nécessité absolue de son exécution. »* Le recours en grâce est rejeté le 13 août. Le samedi 17 août 1946, Bernard Jardin est réveillé à 5 h 30. Il reste quelques instants avec l'aumônier et déclare au juge d'instruction qu'il n'a rien à ajouter. Il fume une cigarette et boit un verre de rhum. Ensuite, les yeux bandés, il est placé devant le peloton d'exécution composé de huit sous-officiers et commandé par le lieutenant La Cour Grandmaison. Ouest-France précise que *« grâce à une autorisation spéciale, ils étaient tous volontaires… Jardin, très pâle, après s'être entretenu quelques instants avec les sous-officiers du peloton, fut conduit vers le poteau auquel on l'attacha. Il parla encore avec ceux qui l'entouraient. »* À 7 h 05, Bernard Jardin est mort. Il est ensuite inhumé au cimetière Saint-Léonard dans le coin réservé aux condamnés.

L'ombre de Jardin va continuer de planer sur le département de l'Orne au point que, plusieurs mois après sa mort, des témoins affirment l'avoir rencontré, ce que le commissaire du gouvernement Jacobsen dénomme «la jardinite». Ainsi, le 13 février 1947, Ouest-France rapporte: *«Nos concitoyens hantés par le souvenir du sinistre criminel voyaient Jardin partout. Un jour, quelqu'un venait trouver le procureur alors que celui-ci se disposait à entrer tranquillement au Palais de Justice pour lui affirmer avec force qu'il venait de voir passer Jardin devant le Palais de Justice dans une voiture de la gendarmerie, d'autres l'avaient vu dans un urinoir place du Palais.»* Certains de ses homonymes sont même inquiétés comme ce commerçant qui *«n'avait commis pour tout crime que celui d'avoir peint sur l'arrière de sa camionnette son nom en grandes lettres blanches comme l'exige le règlement.»*

13. L'heure des comptes pour la bande à Jardin

Avant ou après le procès de Bernard Jardin se déroulent ceux de ses séides, du moins ceux qui ont pu être capturés. Mais par exemple Roger Lotti, Henri Dangerville, Robert Pinard ou Georges Guillory sont en fuite à l'heure de leur procès. Ils sont condamnés à mort par contumace.

Le 1er juillet 1945 est jugé Émile Chapron. Membre du groupe calvadosien de Raoul Hervé, il est arrivé dans l'Orne le 6 juin 1944 et participe à de nombreuses opérations en juin et en juillet. Il reconnaît la plupart des faits mais nie les exécutions dont il est accusé. Le commissaire du gouvernement le décrit ainsi : *« Chapron est un monstre et c'est ce monstre qui se cache sous l'aspect de ce petit garçon inoffensif que tout à l'heure vous allez condamner à mort. »* Il l'est effectivement et fusillé le 6 août 1945. Il est le premier fusillé de la bande de Bernard Jardin.

Le 5 juillet 1945 comparaît Valerian Bogdanoff. Âgé de 49 ans, ce natif de Petrograd a fui la révolution russe en 1917 et fut naturalisé Français en 1931. Après être passé par Rennes, il est arrivé à Alençon en 1937, travaillant comme plombier. Il s'est mis au service du *Sipo-SD* par anticommunisme. Membre du PPF, *« croyant agir contre le bolchévisme et dans l'intérêt de la France »*, il rejoint le groupe Action et participe à de nombreuses opérations contre la Résistance. Il est condamné à mort et fusillé le 22 août 1945.

Le 7 février 1946, comparaissent ensemble, William Poupard et Auguste Haquin. Ancien gardien de la paix à Argentan, Haquin adhère au PPF avant de rejoindre Jardin et participe à la plupart des expéditions. Il nie les accusations, exposant qu'il n'était qu'un chauffeur. William Poupard, bûcheron de Silly-en-Gouffern, est un résistant retourné après trois jours de prison : il connaît un certain nombre de résistants et leurs activités. Outre leurs actions de renseignement, tous deux frappent violemment celles et ceux qui sont arrêtés. Haquin oppose un rôle passif et des troubles de mémoire tandis que Poupard tente de prouver qu'il était infiltré sur ordre de la Résistance ! Pour les résistants, concernant Poupard, *« il a trahi, il doit payer. »* Marinette vient attester que Poupard a reçu de Jardin une somme d'argent pour le prix de sa trahison. Le commissaire du gouvernement prononce son réquisitoire : *« aujourd'hui les deux accusés sont polis, corrects, ils peuvent paraître des hommes comme les autres, mais il faut pouvoir se les représenter tels qu'ils étaient au moment de l'action. »* Poupard est présenté comme un opportuniste et Haquin comme un collaborateur de longue date. Il réclame le peine capitale, *« châtiment de tous les traîtres, quels qu'ils soient. »* Poupard et Haquin sont condamnés à mort. Le recours en grâce d'Haquin fut positif tandis que Poupard est fusillé le 1er juin 1946.

Le 14 février 1946, la cour de justice juge celui que Ouest-France qualifie comme *« le plus ignoble des agents de la* Gestapo », qui *« sut s'élever encore au-dessus de ses compagnons de banditisme par sa cruauté et son sadisme. »* Arrêté à Condé-sur-Escaut, il est ramené à Alençon. En trois mois, Gilbert Bertaux commet 14 assassinats et s'illustre par ses actes de torture et de barbarie. Il avait d'abord rejoint les rangs de la bande de Raoul Hervé qui regroupe les agents de l'antenne du *Sipo-SD* de Caen. Il sévit également dans la Seine-Inférieure avant de venir dans l'Orne. Bertaux martyrise à coups de cravache les résistants qu'il arrête avant de les exécuter au pistolet ou au pistolet-mitrailleur. C'est lui qui assassine les cinq résistants à L'Home-Chamondot le 9 août 1944. Bertaux ne réagit pas aux accusations et avance des troubles de la mémoire quand le président le questionne. Jardin témoigne à son procès : *« Il a fait un peu comme tout le monde, des arrestations, des interrogatoires, des exécutions... il a fait ce qu'on lui commandait. »* Le commissaire du gouvernement plaide que les morts demandent justice. Son avocat tente de le faire passer pour un malade : *« Je ne crois pas que cet être immonde puisse jouir de la plénitude de ses facultés. N'était-il pas d'ailleurs atteint de crises d'épilepsie qui l'ont fait réformer ? Est-il oui ou non responsable de ses actes ? Telle est la question que les jurés doivent résoudre avant de se prononcer. »* La cour de justice n'est nullement émue par cette plaidoirie et, après une courte délibération, condamne Gilbert Bertaux à mort. Il est fusillé le 29 mai 1946.

Le 6 mars 1946 est jugé celui qui était considéré comme son lieutenant, Eugène Duru. Ce commis boucher de 25 ans est décrit comme un jeune homme au visage agréable aux traits fins fort élégamment vêtu d'un complet gris d'une coupe impeccable. Il rencontre Jardin lors de son séjour en Allemagne et devient son ami jusqu'à le suivre dans la collaboration policière. Duru participe à la plupart des expéditions commandées par Hildebrandt. Au fil de celles-ci, Duru se révèle d'autant qu'il déclare lors de son interrogatoire : *« Je n'étais pas bien vu de la* Gestapo*, il fallait que je fasse un peu de zèle. »* Il évoque ses états d'âme auprès d'Hildebrandt, mais celui-ci *« m'a rappelé ma situation de réfractaire en me disant qu'il fallait m'adapter et qu'il était facile de me faire repartir en Allemagne. »* Contrairement à ses déclarations, il aide Jardin à plonger Lucienne Lochon dans un baquet pour la faire avouer. Lors de son procès, Duru reconnaît la plupart des accusations, mais nie l'exécution de M. Dreux. Bernard Jardin est appelé à témoigner et déclare avoir été *« le mauvais conseiller de Duru. »* Eugène Duru est condamné à mort et est fusillé le 6 juin 1946 après le rejet de son recours en grâce.

Le 30 mars 1946 comparaît Charles Goulard, inspecteur général d'assurances en retraite. Délégué départemental du RNP depuis 1941, il devient un agent de renseignement très actif pour Bernard Jardin, *« un mouchard de chaque instant au service de la* Gestapo », comme le décrit Ouest-France. Il nie avoir remis des rapports au *Sipo-SD*, mais prétexte être intervenu en faveur de personnes arrêtées. Le défilé des témoins le contredit, mais c'est surtout Bernard Jardin qui l'accuse : *« Goulard fut l'agent de renseignement n°1 du service. C'est lui qui a permis que soient accomplies les plus grosses affaires dans l'Orne. »* Ces accusations sont confirmées par Duru. Fort du témoignage de Jardin, le commissaire du gouvernement demande à la cour de prendre en compte le volumineux dossier de Goulard : *« Deux solutions sont à envisager. Ou bien vous n'estimez pas suffisantes les charges qui pèsent sur Goulard : c'est l'acquittement ; ou bien vous le reconnaissez coupable. Dans ce cas, une seule peine s'impose :*

la mort.» Après une longue délibération, Charles Goulard est condamné à mort, mais est finalement gracié : sa peine est commuée en travaux forcés à perpétuité.

Le 7 avril 1946 comparaît Ladislas Goniewicz. Ce cultivateur de Ferrière la Verrerie adhère au PPF en mars 1943 et devient chef des Francs Gardes de l'Orne, officine chargée de lutter contre les terroristes et de former des groupes d'autodéfense. La *Feld-Kommandantur* d'Alençon lui délivre une autorisation de port d'armes : il possédait trois pistolets et un pistolet-mitrailleur. Il ne participe toutefois pas aux expéditions du *Sipo-SD*, mais lui fournit des renseignements. Il est condamné aux travaux forcés à perpétuité, peine commuée ensuite en vingt ans de travaux forcés.

Le 14 avril 1946, la cour de justice juge Roger Griveau. Il appartenait, comme son collègue Roland Foutrel, au groupe des gestapistes français de la rue Lauriston dirigé par Lafont et Bony. Membre du MSR depuis 1941, Griveau travaille dès 1942 pour les Allemands, mais il déserte ; selon ses déclarations, il aurait été arrêté par l'équipe Lafont en juin 1944 : celle-ci l'envoie dans l'Orne ; s'il refusait, il serait remis aux Allemands. Il arrive dans l'Orne le 28 juin. Avec son compère Foutrel, il mène des enquêtes et procède à des arrestations. Tout en travaillant pour le *Sipo-SD*, il commet des actes de brigandage ou rançonne les trafiquants de marché noir. Griveau devient le garde du corps de Bernard Jardin. Lors de son procès, Gilbert Bertaux accuse Griveau de meurtres lors de l'expédition de Saint-Cyr-la-Rosière : *« J'en ai tué un, Griveau un autre, pour le troisième, on a tiré à pile ou face et c'est Griveau qui a été désigné. »* Griveau nie et accuse Bertaux de mentir : *« Tu mens Gilbert. Pourquoi es-tu venu m'accuser au dernier moment d'une chose pareille, moi qui t'ai assisté lorsque tu as été blessé à mes côtés ?»* Mais Bertaux lui rétorque : *« dis la vérité, Roger. Dis-là. Je ne veux pas prendre à mon compte de nouveaux meurtres. J'en ai déjà assez.»* Pour le commissaire du gouvernement, *« Roger Griveau a été agent* SS *sous toutes ses formes. Peu importe qu'il ait tué de sa main. Sans doute, je comprends que sa mère soit venue vous implorer, mais nous devons aussi penser aux autres mères, aux mères de ceux qui sont morts par la faute de ces agents.»* Roger Griveau est condamné à mort ; sa grâce refusée, il est fusillé le 13 juillet 1946.

Le 18 avril 1946, la cour de justice juge Max Foulon, *« tête de brute sur un corps énorme »* comme le décrit Ouest-France. Membre du Parti Franciste dès 1935, le gros Max se montre très actif à Maisons-Laffite, puis il rejoint en 1943 le groupe gestapiste de Norbert Boileau installé 93 rue Lauriston à Paris. Selon un témoin, il se vantait avoir torturé et tué des résistants à Paris. Le 27 juin 1944, Max Foulon est envoyé dans l'Orne. Jusqu'au début du mois d'août, toujours armé d'un pistolet-mitrailleur, il participe à une dizaine d'actions. Prétextant un traumatisme crânien subi en 1938, il ne se souvient de rien ! Ses interrogatoires se font à l'aide d'un nerf de bœuf. Ainsi témoigne une de ses victimes : *« Tantôt m'allongeant, tantôt me faisant mettre debout, Max frappait. Je m'évanouissais. Il me ranimait avec des gifles. La sueur lui coulait du front.»* C'est à Saint-Cyr-la Rosière qu'il accomplit son premier meurtre dans l'Orne en abattant le boulanger Dreux, ce qu'il nie lors de l'audience. Il est également celui qui torture avec le plus de sadisme Mlle Lochon, n'oubliant pas au passage de lui voler cinquante mille francs. Chaque témoin décrit les tortures que Max Foulon lui a infligées : *« C'est lui qui cognait avec un nerf de bœuf»* témoigne Maurice Denis. Pour le commissaire du gouvernement, *« il est des affaires qui se passent de réquisitoire et l'affaire Foulon est de celle-là.* ». Il ajoute : *« il se signale par sa cruauté sadique, en se montrant plus particulièrement cruel envers les femmes.* » Après que son avocate ait propose des circonstances atténuantes, Foulon fait une dernière déclaration : *« Je sais que je mérite la mort, mais je ne la crains pas. Je regrette ce que j'ai fait.* » Des voix dans l'assistance crient *« Trop tard »*. Max Foulon est condamné à mort pour trahison et actes de barbarie et fusillé le 9 août 1946.

Le 23 mai 1946 comparaît Christian Lemaître ; un temps agent du contrôle économique, il glisse à l'instigation de Raymond Bourgoin vers l'équipe de Jardin et sert de mouton en prison. Devant certaines irrégularités, le procès est interrompu et reprend le 4 juin. Lemaître est accusé d'être à l'origine de certaines arrestations. Le commissaire du gouvernement demande la peine de mort : *« C'est un agent de la police allemande que vous condamnerez et les agents de la police allemande, on les condamne à mort.* » Il est fusillé le 13 décembre 1946.

Le 6 juin 1946, René Neveu passait devant la cour de justice. Pour le journaliste d'Ouest-France, il incarnait l'horrible *Gestapo* aux yeux des Ornais : *« Il se fit connaître en se pavanant chez nous, exhibant à tous instants sa qualité de policier, menaçant, jouant du revolver.* » mais pour le président de la Cour de justice, Neveu n'était qu'un *« fanfaron, un de ces prétentieux imbéciles.* » De caractère sournois et fuyant, Neveu s'illustre comme mouchard et comme agent de renseignement. Comme ses collègues, il prétend n'être qu'un simple chauffeur de l'antenne de la *Sipo-SD* et nie toute implication dans diverses arrestations malgré les témoignages. René Neveu est condamné à mort et à la confiscation de ses biens. Il est gracié et sa peine finalement commuée en travaux forcés à perpétuité.

Ancien combattant de la Grande Guerre, blessé, titulaire de la Médaille militaire et deux citations, Henri Dangerville adhère au PPF en 1936. Selon ses déclarations, il serait venu à Alençon sur les conseils de Lechat. Celui-ci ayant été exécuté par la Résistance, l'inspecteur régional du PPF Minier propose à Dangerville le poste de délégué départemental. Mais, en avril, il accepte de travailler à la recherche de réfractaires du STO et est rémunéré 3 500 francs par mois par la Propaganda Staffel. Il participe à plusieurs opérations avec le *Sipo-SD*. Jugé par la Cour de justice du Calvados le 6 juillet 1946, il est condamné aux travaux forcés à perpétuité, peine qui est commuée en vingt ans de travaux forcés.

Militant franciste, Paul Lahaye sévit d'abord à Paris, dans l'équipe de Norbert Boileau, et en Bretagne, avant d'arriver dans l'Orne le 28 juin 1944. Il reconnaît avoir travaillé pour le *Sipo-SD* et être appointé par elle : *« Deux à trois mille francs auxquels s'ajoutaient les bénéfices des saisies. »* Les saisies étaient le fruit des vols et des pillages. Outre les actes de tortures sadiques et violents, Lahaye est accusé d'assassinat. Jugé le 25 février 1947 par la Cour de justice du Calvados, Paul Lahaye est condamné à mort et fusillé le 13 octobre 1947. Il est le dernier fusillé de la bande de Bernard Jardin.

D'autres échappent à la peine de mort comme Roland Foutrel, Ladislas Goniewicz, Louis Bablin, Gaston Tizon, Marinette, Pierre et Henri Peduzzi, Louis Boet, Roger Fernizon, Daniel Blaise, Henri Perrin, Jean Guyonnet, Roger Lagiscarde et son épouse, André Pouessel condamnés aux travaux forcés à perpétuité. Léa Blanquart dite Blanchette, Charles Goulard, René Neveu, Yves Billonnet, André Chucherie, Raymond Bourgoin, Gaston Taupinard, Jean Perrin et Jean Wosicky sont graciés après avoir été condamnés à mort. Ceux qui n'ont pas été retrouvés sont condamnés à mort par contumace à l'exemple de Roger Lotti ou Mario Stanzano. Robert Pinard, jugé le 7 mai 1952 par le tribunal militaire de Paris, n'écope que de cinq années de prison. Nul doute qu'il aurait risqué beaucoup plus en 1945 ou 1946 !

En janvier 1946, le journal Le Perche surtitrait *« aurait-on déjà oublié ?... »*, un article intitulé *« Deux verdicts scandaleux à la Cour de Justice de l'Orne »*. L'article concernait le jugement de deux auxiliaires de la *Gestapo*, Marinette Peduzzi et Louis Bablin. Leur condamnation aux travaux forcés à perpétuité mettait le journal ornais en colère : *« Pourquoi le cacher ? Nous attendions le maximum de son verdict quand on sait l'immonde besogne accomplie par une Marinette Peduzzi, ignoble catin de 22 ans, qui ne se contentait pas de partager la couche de son ami, le boche Hans Regeler (Regler) du* SD, *mais se faisait encore son auxiliaire dans la recherche des patriotes... Mais il faut croire que la Cour s'en montra beaucoup moins émue puisque, accordant les circonstances atténuantes à cette bochesse, qui pourtant ne méritait aucune pitié, elle lui a évité le peloton d'exécution. »* Quant au second, *« l'opinion unanime réclamait la peine de mort, ce qui été la VRAIE justice »*. Le journaliste ajoutait : *« Que penseront de ces jugements scandaleux les familles de ceux qui, dénoncés par ces deux crapules, sont allés finir dans les fours crématoires ou les chambres à gaz, après avoir connu les pires misères ? Elles estimeront avec raison que la Justice française fait vraiment bon marché du martyre enduré par les patriotes... Il convient D'ABORD de les venger, en faisant disparaître les infâmes délateurs qui ont été la cause de leur horrible fin »*. À la suite des amnisties de 1949, de 1951 et de 1953 et de remises de peine, toutes et tous sont libérés dans les années 1950.

Conclusion

Après la Seine-Inférieure, l'Orne est le département de Normandie qui connaît le plus grand nombre d'exécutions avec dix fusillés, mais pour L'Orne Combattante cela s'avérait insuffisant comme ce journal le soulignait le 12 janvier 1947 : *« Regrettons une fois de plus qu'un trop grand nombre de condamnés bénéficient de mesures de grâce aussi inattendues que scandaleuses. »*

Bernard Jardin demeure le plus grand criminel ornais : lui et ses hommes ont exécuté plus de 60 personnes ; personnellement Bernard Jardin a assassiné 7 résistants. Au total plus de 110 Ornais subissent les violences et les tortures de Jardin et de sa bande. Pour Pierre Billaux, *« il a pris sciemment en marche le train de la collaboration par attrait de la vie facile, de l'argent et peut-être d'une certaine forme de pouvoir. »* Le jugement de ce résistant déporté est assurément pertinent. Bernard Jardin, mais aussi toutes celles et tous ceux qui se sont mis au service de la *Sipo-SD*, n'étaient que des marionnettes entre les mains des responsables nazis de celle-ci. Helmut Knochen, le responsable de la *Gestapo* en France, soulignait lors de son procès : *« il faut que l'on se souvienne que toute la police allemande en France occupée n'a pas compté plus de 2 000 à 2 400 hommes et femmes, y compris les chauffeurs et les téléphonistes, et que, si la police française, les auxiliaires ne nous avaient pas aidés, jamais nous n'aurions pu faire quoique ce soit. »* Dans une lettre du 20 juin 1945, Monique Livry-Level apportait le même avis : *« J'ai le sentiment que la* Gestapo *française n'était pas le cerveau ; elle recevait des ordres des Allemands et les exécutait. Les Allemands préféraient faire torturer les prisonniers par des Français pour ainsi pouvoir dire qu'ils étaient corrects. Ils (les Français) organisaient les coups de main et dirigeaient les interrogatoires. »*

Jardin et ses séides dotés de leur brassard *« Deutsche Wehrmacht »* se sentaient puissants par le pouvoir que leur avait conféré l'habile manipulateur Hildebrandt, mais aussi par l'argent qu'il leur octroyait ou qu'ils prélevaient sur leurs victimes. Motivés par l'appât du gain, certains l'étaient également par la violence et devenaient des fonctionnaires de la torture. Intégrés dans la structure policière nazie, ces hommes et ces femmes contribuèrent efficacement à la répression de la Résistance ornaise et à la traque des réfractaires du STO.

Lexique

Abwehr : Service de renseignement de l'armée allemande.

BCRA : Bureau Central de Renseignement et d'Action.

BOA : Bureau des Opérations Aériennes.

COSI : Comité Ouvrier de Secours Immédiat.

FRN : Front Révolutionnaire National.

FTP : Francs-Tireurs et Partisans.

LVF : Légion des Volontaires Français contre le bolchevisme.

MSR : Mouvement Social Révolutionnaire.

OCM : Organisation Civile et Militaire.

OKW : *Oberkommando der Wehrmacht* (Organe de commandement suprême des forces armées allemandes).

PPF : Parti Populaire Français.

RNP : Rassemblement National Populaire.

STO : Service du Travail Obligatoire.

Sources et Bibliographie

R1424, bureau de recrutement d'Alençon, classe 40, Archives départementales de l'Orne.

2w15, Rapport de gendarmerie juin 1944.

522w, Dossier d'enquête sur les auxiliaires français de la *Gestapo* 1945, TGI Argentan. Archives départementales de l'Orne.

991w51, n°294 Dossier Bernard Jardin, Cour de justice de l'Orne, Archives départementales du Calvados.

991w78, Dossier Henri Dangerville, Cour de justice de Caen, Archives départementales du Calvados.

996w11, Dossier Yves Billonnet, Cour de justice de l'Orne, Archives départementales du Calvados.

996w16, Dossier Jean et Henri Perrein, Cour de justice de l'Orne, Archives départementales du Calvados.

996w14, Dossier Valerian Bogdanoff, Cour de justice de l'Orne, Archives départementales du Calvados.

996w14, Dossier Gaston Tizon, Cour de justice de l'Orne, Archives départementales du Calvados.

996w36, Dossier Auguste Haquin et William Poupart, Cour de justice de l'Orne, Archives départementales du Calvados.

996w41, Dossier Eugène Duru, Cour de justice de l'Orne, Archives départementales du Calvados.

996w45, Dossier Ladislas Goniewicz, Cour de justice de l'Orne, Archives départementales du Calvados.

996w48, Dossier Charles Goulard, Cour de justice de l'Orne, Archives départementales du Calvados.

996w52, Dossier Roger Griveau, Cour de justice de l'Orne, Archives départementales du Calvados.

996w54, Dossier Max Foulon, Cour de justice de l'Orne, Archives départementales du Calvados.

996w61, Dossier Raymond Bourgoin et Gaston Taupinard, Cour de justice de l'Orne, Archives départementales du Calvados.

996w65, Dossier Léa Blanquart, Cour de justice de l'Orne, Archives départementales du Calvados.

996w64, Dossier René Neveu, Cour de justice de l'Orne, Archives départementales du Calvados.

41J, Fonds Jean Vigile déposé aux Archives départementales de l'Orne, en particulier 41J 103 et 112.

Le Maine libre, 11 avril 1946.

Le Perche libéré, avril 1946.

Acte de naissance de Bernard Jardin, État-civil, Mairie d'Argentan.

Témoignage de Pierre Billaux, Orne Hebdo, 8 juin 1989.

Orne Hebdo, 13 avril 1989.

Ouest-France, 8, 9 et 10 février 1946, 7 mars 1946, 11 avril 1946, 15 avril 1946, 19 avril 1946, 7 juin 1946, 30 janvier 1947, 19 juin 1987.

Bourdin Gérard, *« De la collaboration à l'affaire Bernard Jardin (Orne 1940-1946), La Résistance face à la répression, Tome 1 : Encadrer, épier, piller, dénoncer ; Tome 2 : Jardin, les tragédies de 1944, l'épuration. » Le Pays Bas-Normand*, 1er et 4e trimestre 2002.

Bourdin Gérard, *Les 500 déportés de l'Orne*, Conseil Général de l'Orne, Archives départementales, 1995.

Corblet de Fallerans Monique, *Voyage nocturne au bout du parc*, Éditions Heimdal, 1994.

Lecouturier Yves, *Normandie Gestapo*, Éditions La Mandragore, 1997.

Lecouturier Yves, *1944, L'épuration en Normandie*, Éditions Ouest-France, 2011.

Mazeline André, *Clandestinité. La Résistance dans le département de l'Orne*, Romagné, 1947.

Paxton Robert, *La France de Vichy*, Éditions Le Seuil, 1973.

La Résistance dans l'Orne, CD-ROM AERI, 2005.

Vigile Jean, *Les Mouvements de collaboration dans l'Orne*, Thèse dactylographiée, Archives de l'Orne, 1980.

Mes remerciements aux agents des archives départementales du Calvados et de l'Orne, à Gilles Havard, André Lebreton (†) et particulièrement à Hélène et Francis Martin pour leur relecture attentive.

Table des matières

Maquette et mise en page : Paul Gros

Achevé d'imprimer sur les presses de Skleniarz (Pologne)
pour le compte des Éditions Heimdal à Damigny / Normandie
(France), Georges Bernage, éditeur, en janvier 2019.
Dépôt légal premier trimestre 2019.